KB057935

형사사건 양형자료
경찰·검찰 수사단계, 법원 재판단계 반성문

형사사건양형자료
반성문 작성방법

편저 : 대한법률콘텐츠연구회

(콘텐츠 제공)

해설 · 최신서식

 법문북스

머 리 말

뜻하지 않았던 일에 연루되어 억울한 일을 당하면 누구라도 지푸라기라도 잡겠다는 심정으로 사정을 하소연하고 도움을 청해야만 하는 일이 생길 수 있습니다.

반성문을 통하여 도움을 청하려고 해도 어떻게 접근하고 어떤 내용으로 사정을 하소연하여야 양형자료가 될 수 있을 것인지 어떻게 작성해야 사정을 호소하고 도움을 받을 수 있는지 몰라서 반성문이라는 이름으로 선처를 호소하고 진지한 반성의 모습을 보여야 할지 걱정부터 앞서는 그 심정은 이해가 됩니다.

반성문은 피의자나 피고인이 직접 육필로 작성하거나 워드로 작성하고 양형자료를 선별하여 작성하여야 하는데 어떤 것이 양형자료가 되고 어떤 것은 양형자료로 할 수 없는 것인지 이해하지 못한 상태에서 선처를 받으려는 생각으로 작성하다 보니 부족한 것이 많아서 고치고 나면 또 고쳐야 하는 것이 반성문입니다.

반성문은 형사사건에 있어 피의자나 피고인의 양형자료입니다.

그러므로 반성문을 작성함으로써 얻을 수 있는 효과부터 먼저 생각하시고 반성문을 읽고 도움을 줄 수 있는 검사나 판사의 입장에서 작성하고 어떤 내용을 설명하고 이해를 시켜야 양형자료가 될 것인지는 사건의 진행 경과에 따라 다르고 누가 얼마만큼 반성문을 잘 작성하느냐에 따라 다르고 부족한 양형자료를 얼마만큼 잘 설득을 시키느냐에 따라 선처를 부탁하는 글로서 가치가 있는 것입니다.

반성문은 양형자료로서 감경요소에 적극적으로 반영해 줄 것을 간곡히 부탁함으로써 억울하게 처벌을 받거나 과한 처벌을 받지 않을 수 있는 기회를 갖게 되는 것입니다.

반성문은 피의자나 피고인이 직접 검사나 재판장을 만나 사건에 대하여 대화할 수 없는 것이므로 반성문을 통하여 구형량을 정하는 검사나 양형을 정하는 판사와 마주 앉아 대화하는 식으로 작성하고 양형자료는 이해하기 쉽게 설명하는 식으로 작성하여야 효과적입니다.

형사재판이나 수사는 유·무죄를 따지는 것이고, 나머지는 피의자나 피고인이 작성한 반성문을 통하여 구형량이나 형량을 정하는 것입니다.

검사가 구형량을 정하고, 재판장이 피고인의 양형을 정하기 위한 기초자료는 형식적인 조사가 전부이므로 검사나 판사는 반성문을 통하여 양형의 자료를 찾아 피의자나 피고인에게 가장 알맞은 구형량과 형량을 정하려는 것입니다.

피의자나 피고인의 이면에 숨겨진 인간을 보고 그에 합당한 벌을 주는 것이므로 거짓말을 하지 않았을 것이라는 전제하에 정상을 참작하고 형량을 정하는데 참고하도록 작성하여야 합니다.

반성문을 읽고 피의자나 피고인이 왜 범죄를 저질렀고, 판결이 선고된 이후 어떻게 살아갈 것인지를 확인하고 피의자나 피고인에게 가장 알맞은 형을 정하고 선처해 달라는 목적으로 반성문을 작성하는 이유입니다.

선처를 호소하기 위해서나 양형자료가 되기 위해서는 신뢰가 바탕이 되어야 합니다. 그 신뢰를 입증하는 길이 바로 반성문을 통한 진정성입니다.

진정성은 신뢰사항이 아닌 반성문에는 필수 요소입니다.

반성문을 통하여 누구나 끊임없이 자기성찰과 개선가능성을 갖출 수 있습니다.

피의자나 피고인의 진정성은 그 사람이 살아온 과정을 보면 됩니다.

올바른 자신만의 원칙과 기준을 가지고 있다면 원칙과 기준이 있었다면 그런 물의를 빚는 행동이나 범행을 저지르지 않았을 것입니다. 자신이 우선하는 가치에 따라 원칙대로 행동하라는 뜻이므로 반성문을 통하여 그 모습을 보여주어야 합니다.

피의자나 피고인의 진정성을 갖춘 새로운 삶이 시작되는 그 모습을 반성문을 통하여 보여주어야 선처를 받을 수 있고 좋은 결과를 얻을 수 있는 것입니다.

모든 분들이 형사사건에서 그에 알맞은 양형자료가 되도록 반성문을 잘 작성해 내시고 흡족한 결과를 얻으셨으면 합니다.

감사합니다.

-편저 드림-

차 례

형사사건 양형자료
반성문 작성방법

제1장 반성문

1. 반성문의 의의

 반성문은 형사사건에서 주로 자신의 잘못이나 실수에 대하여 부족함을 돌이켜 보며 쓰는 글입니다. 학교 다닐 때나 직장생활에서 한 번 쯤은 반성문을 작성해 본 경험을 가지고 있는 분들도 많을 것입니다.

 대법원의 양형 기준에 형의 감경요소 중의 하나로 '진지한 반성' 을 아예 정해 났습니다. 진정성 있는 반성의 모습을 그림을 그리듯 반성문에 담아내고 선처를 호소하면 양형자료가 되어 도움을 받을 수 있습니다. 그래서 피의자나 피고인들은 반성을 어필하기 위해 반성문을 작성해 경찰의 수사단계나 검찰의 수사단계 또는 법원의 재판단계에 제출하고 있습니다.

2. 반성문 작성요령

 반성문은 어떻게 작성해야 한다고 정형이 있는 것은 아니지만 형식적인 기재순서보다는 반성문을 읽고 도움을 줄 수 있는 입장에서 검사나 재판장의 심증을 움직이는 데 초점을 맞추고 양형자료로서 논리에 맞도록 설명하는 식으로 작성하는 것이 좋습니다.

 반성문은 육필로 작성하든, 컴퓨터에서 워드로 작성하든 아무런 상관이 없습니다. 효과는 반성문 내용에 달려 있습니다. 누가 얼마만큼 반성문을 잘 써 내느냐에 따라 양형자료로 반영됩니다.

3. 반성문 제출하는 방법

　반성문은 경찰의 수사단계에 사법경찰관에게 제출하면 반성의 여부에 따라 정상을 참작하는 사유가 되고, 검찰의 수사단계에 검사에게 제출하면 범죄혐의 유죄로 인정되어 공소를 제기할 때 반성의 여부에 따른 구형량을 줄일 수 있고, 법원의 재판단계에 제출하면 반성의 여부에 따라 재판장이 양형을 정하는데 양형자료로 반영합니다.

　경찰의 수사단계나 검찰의 수사단계 또는 법원의 재판단계에 피의자나 피고인의 반성 여부가 양형 참작의 중요한 사유로 꼽히기 때문에 피의자나 피고인이 사법경찰관이나 검사나 재판장을 직접 만나 반성하는 모습을 보이고 양형을 정하는데 정상을 참작해 달라고 한다는 것은 시간적으로 제약이 있을 수 있으므로 반성문을 통하여 대신 반성하는 모습을 잘 표현하여 제출하고 있는 것입니다.

　범행의 동기와 피의자나 피고인이 현재 처한 상황, 현재의 심정, 판결 이후 어떻게 무슨 일을 하며 살아갈 것인가의 마음가짐 등을 글로 써 사법경찰관에게 제출하면 초동수사에서 정상을 참작하게 되고 검사에게 제출하면 공소를 제기할 때 피의자에 대한 구형량을 줄일 수 있고, 재판장에게 제출하면 양형을 재량으로 법정형을 감경 받을 수 있습니다.

4. 반성문 작성하는 이유

　반성문을 쓰는 이유는 반성문을 써서 어찌되었건 양형에 도움을 받으려는 생각으로 지푸라기라도 잡겠다는 심정으로 반성문을 작성합니다. 검사나 판사는 피의자나 피고인이 작성해 낸 반성문을 읽고 죄를 뉘우치는지 다시는 재범을 하지 않을 것이라는 교화를 바라며 검사는 피의자의 구형량을 판사는 피고인의 형량을 깎아 줄 수 있는 양형자료가 됩니다.

평생 반성문만 써도 용서가 안 될 범죄자들이 겨우 종이 몇 장에 잘못을 뉘우치고 반성하는 모습을 보인다고 해서 감형을 받는 일이 있어서는 안 됩니다.

반성문은 하나의 반성의 근거에 불과합니다.

정말로 잘못을 뉘우친다면 반성문은 검사가 아니고 재판장도 아닌 피해자나 피해자의 가족에게 백번이나 천 번을 써야 합니다.

잘못은 피해자에게 해놓고 반성문은 검사나 판사에게 잘못했다. 죽을죄를 졌다. 용서를 바란다. 늘 '존경하는 검사님' 아니면 '존경하는 재판장님' 으로 반성문을 작성하는 이유는 처벌을 감경받기 위한 것일 뿐입니다. 그래서 반성문을 통하여 피해자에게 사죄하고 피해복구를 위한 어떤 노력을 하고 있다는 사실을 검사나 판사에게 보여주고 피의자나 피고인에게 알맞은 형량을 정하여 선처를 해달라고 작성해야 효과적입니다.

5. 반성문을 쓰는 자세

물론 잘못된 행동에 대해 반성문이라는 이름으로 써야 한다면 이해는 됩니다. 누구든지 조사를 받고 있고 재판을 앞두고 반성문을 쓰는 것은 현재 상황을 벗어나거나 감형을 받고 싶은 마음이 더 클 수도 있습니다. 선처를 호소하면서 감형을 위해 반성문 취지를 악용해서는 안 됩니다. 피의자나 피고인이 스스로 잘못을 진정으로 뉘우치는 일보다 감형을 위한 검사나 판사에게 보여주는 목적이 더욱 중요해 보여서는 안 됩니다.

반성문만으로 피의자나 피고인의 이면에 숨겨진 양형자료만 보고 범죄의 전부를 판단하는 것은 형량을 줄이는 것도 의미가 없다고 생각합니다. 반성문 몇 장으로 피의자나 피고인이 저지른 범죄를 판단하는 것은 옳지 않습니다.

피해자가 발생했다면, 반드시 합의하고 피해자로부터 선처 탄원서를 받는 것이 중요합니다. 그리고 반성문에서는 절대 자기변명이나 합리화 문구는 배제해야 합니다. 피의자나 피고인이 반성문을 쓸 때는 자신을 최대한 낮추고, 진심으로 뉘우치는 심경을 표현하고 보여주어야 합니다. 또한 무조건 잘못했다는 식의 성의 없는 반성의 모습보다는 어떤 점을 왜 잘못했고, 앞으로 같은 잘못을 두 번 다시 하지 않기 위해 향후 어떤 노력을 할 것인지에 대한 다짐을 작성하여야 효과적입니다.

재발 방지에 대한 구체적인 실천 계획과 노력의 표현은 반성문 작성 시 선택이 아닌 필수입니다. 반성문을 통하여 처벌에 대한 감경을 노골적으로 요구하는 표현보다는, 피의자나 피고인의 현재 심경과 향후 노력 및 다짐을 토대로 간곡하게 선처를 바란다는 마음으로 작성하는 것이 좋습니다.

반성문은 반성하는 글입니다.

반성은 되돌아보는 생각입니다.

잘못을 반대로 생각하는 것입니다.

왜 잘못을 하게 되었는지, 잘못을 되돌릴 수는 없겠지만 반성문을 통하여 미래는 바로 바꿀 수 있습니다. 반성문을 쓰려고 마음을 먹었다면 바꿀 수 있는 영역의 것이 되어야 합니다.

예를 들어 짐승이 자기보다 약한 짐승을 잡아먹겠다고 반성문을 쓰지 않는다는 말입니다.

어떻게 할 수 있는 일이 아닌 그러지 않을 수 있었는데 그냥 해버린 일에 대한 글이 반성입니다.

6. 양형자료의 효과

피의자나 피고인이 반성문을 통하여 드러낸 진지한 반성은 검사가 공소를 제기할 때 구형량을 정하는 중요한 양형 사유로 반영될 수 있습니다.

재판장이 판결을 선고할 때 판결주문에도 영향이 미치는 중요한 양형 사유가 될 수 있습니다.

반성문은 피의자나 피고인에 대한 양형자료이므로 제출하지 않는 것보다 제출하는 것이 훨씬 낫고 한 번 두 번 쓰는 것보다 피의자나 피고인의 심경을 여러 번 반성문을 써서 밝히는 것이 더 좋습니다.

반성문은 작성하는 사람에 따라 다르겠지만 반성문은 있는 사실 그대로를 간략하게 설명하고 잘못을 저지르게 된 모습을 보여주는 것이 좋습니다.

7. 음주운전 반성문 예시

예를 들어 음주운전으로 운전면허가 취소되어 행정심판을 청구한 청구인이 제출한 반성문에서 청구인은 전라북도 군산시 ○○○로 ○○,에 있는 ○○운수 주식회사에서 택시기사로 근무하고 있습니다. 청구인은 지금까지 약 16년 동안 택시기사로 근무하면서 단 한 번도 결근을 하지 않는 등 성실하게 최선을 다해 살아왔습니다.

얼마 전 장모께서 지병으로 돌아가셨습니다.

처가댁은 딸만 여섯이고 큰 딸인 처를 대신해 청구인이 상주가 되어야 했습니다. 이러한 상황에서 처갓집 상주가 되어 장례에 관한 일을 도맡아 하다가 조문객들이 한 잔씩 권하는 술을 거절할 수 없어서 그만 받아먹게 되었고 그날 밤 11경 장모님이 집에 보관하시던 유품을 가지러 가다가 군산시 ○○로 사거리에서 음주단속에 적발되었습니다.

청구인이 적발된 음주운전의 수치는 혈중 알코올 농도 ○.○○%로 단속되어 자동차 운전면허 취소에 벌금 500만 원을 통지받았습니다. 청구인으로서는 지금까지 약 16년 동안 택시운전을 직업으로 하면서도 가벼운 접촉 사고를 한 번 낸 적이 없을 정도로 항상 조심스럽게 운전을 해왔다고 자부할 수 있습니다. 그런데 이번 사건으로 운전면허가 취소되면 청구인을 비롯하여 부양가족 다섯 식구는 먹고 살 길이 막막해집니다. 이번에 한하여 한번 만 기회를 주시면 다시는 음주운전을 하는 일 없도록 각별히 주의하겠습니다. 라고 간략하게 기재하는 것이 좋습니다.

청구인이 술을 마신 상태로 운전할 생각을 하느냐며 청구인을 비난할 수 있습니다. 청구인으로서도 음주운전을 하고 적발된 이후 더 부끄럽고 참담한 마음을 가눌 길이 없습니다. 아내와 아이들 앞에 얼굴을 들 수가 없고, 회사동료와 지인들에게도 뵐 면목이 없습니다.

음주운전이 나쁘다는 것은 누구나 알고 있습니다. 사람이기 때문에 실수를 할 수도 있습니다. 음주운전으로 적발되면 본인은 물론이고 가족 및 지인에게 볼 면목이 없을 뿐만 아니라 마음고생도 이만 저만이 아닐 것입니다.

하지 말라는 음주운전을 하여 죄를 지었으면 벌을 달게 받아야 하는 것은 맞지만 처벌이 너무도 가혹하기에 반성문을 통하여 형량을 조금이라도 줄여 보려는 마음으로 반성문을 제출하는 그 마음 너무 가슴 깊이 이해는 됩니다. 그 절실한 마음으로 한자 한자 쓴 육필로 작성하든 컴퓨터에서 워드로 작성하든 반성문을 통하여 도움을 청하는 그 심정 이해할 수 있습니다.

8. 효과를 위한 구성요령

반성문은 분명 양형자료로서 효과가 있습니다.

그 효과가 미미하든 크든 간에 피의자가 검찰 수사단계에 반성문을 제출하면 검사실에서 참고를 한 뒤 피의자에게 전화를 걸어서 사실관계를 확인하거나, 선처를 해줄 요소를 찾는 경우가 적지 않은 것은 검사가 구형량을 정하는데 도움이 되기 때문입니다.

이런 현실적인 이유만으로도 반성문은 쓸 필요가 분명히 있습니다.

반성문은 진심이 담긴 반성문을 작성해야 합니다.

말 그대로 반성문은 반성이 담겨야 하는데, 문제는 이 반성을 통해 추상적으로 "음주운전을 해서 잘못했습니다. 한 번만 살려주세요. 다시는 이런 행동을 하지 않겠습니다."라고 적는 것보다는"아침에 출근을 해서 문제가 없겠거니 생각했던 제 사고가 짧았습니다. 설마 아침에 음주단속을 할 것이라고는 꿈에도 생각을 못했는데, 그런 잘못된 생각이 저를 이렇게 만든 것 같습니다. 사고가 발생하기 전에 적발이 돼 오히려 다행입니다. 정말 죄송합니다."라는 식으로 담담한 어조로 피의자나 피고인이 무엇을 잘못했는지를 반성문을 통하여 확실하게 고백할 필요가 있습니다.

9. 어려운 처지를 최대한 활용

반성문은 자신의 어려운 형편을 최대한 활용해야 합니다.

가정형편을 내세워 도움을 청하는 경우 거짓말이 있어서는 안 됩니다. 자신이 어떤 부분에 있어서 어떻게 힘든지, 가령 부양가족이 많다거나 채무가 많다는 것이나, 가족 중에 누구의 장애가 있다는 것이나, 음주운전의 경우 차량을 당장

운전하지 못할 경우에 발생하는 가족들의 생계의 문제점 등을 구체적으로 설명하는 것이 양형자료로서 필요합니다.

10. 재발 방지의 다짐

반성문은 재발방지의 다짐이 있어야 합니다.

피의자나 피고인이 반성문을 작성하다보면 대부분 이 부분을 빠뜨리거나 놓치는 분들이 굉장히 많습니다. 사회에 돌아가더라도 판결이 있은 이후 어떻게 살아갈 것인지 어떤 방식을 통해서 같은 잘못을 하지 않을 것인지를 분명하게 반성문을 통하여 설명하여야 합니다.

필요하다면 각서나 서약서를 육필로 써서 반성문에 첨부하든지 하는 그러한 노력은 죄짓지 않고 열심히 살아보려고 하는 그 절실함을 보는 검사나 판사는 양형에 반영하는 것이므로 놓치지 않습니다.

반성문은 피의자나 피고인이 검사나 판사와 반성문을 꺼내놓고 마주앉아 양형을 정하기 위하여 대화하는 것입니다. 실제 있었던 일이지만 답답한 마음으로 도움을 받기 위해 수사 중인 사법경찰관에게 반성문을 제출하면 그냥 거기 놓고 가든지 라고 말하면서 피의자를 범죄자 취급만 하면서 면박을 주면 마음이 착잡할 때도 많습니다. 그렇다고 해도 진심이 담긴 반성문은 꼭 제출을 해야 합니다.

그것은 과오를 범한 자신을 스스로 돕는 길이기 때문입니다.

반성문을 통하여 솔직한 심정을 말하는 것도 하나의 방법입니다.

11. 성장과정 가정환경

예를 들어 찢어지게 가난했던 모습으로 접근하고 어떤 노력으로 무엇을 얻었는지 담아내고 경험했던 생각을 설명하고 목표를 정하게 된 배경을 설명하고 꾸준히 노력한 의지를 피력하는 식으로 성장과정을 설명하는 것이 바람직합니다. 그러므로 반성의 모습을 어떻게 내보이고 정상을 참작할 수 있도록 하여야 합니다. 양형의 참작사유는 피의자나 피고인의 중심으로 활용되고 있으므로 진지한 반성의 모습은 아예 형을 정하는데 중요한 양형자료로 정해놓고 있습니다.

반성문을 통하여 솔직한 심정을 말하는 것도 하나의 방법입니다.

예를 들어 찢어지게 가난했던 모습으로 접근하고 어떤 노력으로 무엇을 얻었는지 담아내고 경험했던 생각을 설명하고 목표가 있으면 목표를 정하게 된 배경을 설명하고 꾸준히 노력한 의지를 피력하는 식으로 예를 들어 일류를 지향하는 삼류가 되기보다는 삼류를 지향하는 일류가 되고 싶었다고 밝히고 성장과정을 설명하는 것이 바람직합니다.

그러므로 반성의 기미를 어떻게 내보이고 정상을 참작할 수 있도록 하여야 합니다. 어디까지나 양형의 참작사유는 피의자나 피고인의 중심으로 활용되고 있으므로 진지한 반성의 모습은 아예 형을 정하는데 중요한 양형자료로 정해놓고 있습니다.

12. 양형의 조건 및 작량감경

형법 제51조는 형을 정함에 있어서 고려할 수 있는 다양한 요인을 제시하고 있습니다. 같은 제53조는 '작량감경' 을 규정하고 있습니다. 고려해야 할 사유가 있을 경우 재판장이 재량적으로 그 형을 감경할 수 있도록 한 것입니다.

이것은 양형기준 안에 양형요인으로 되어 있습니다.

반성문을 통하여 반성을 보여줄 경우 양형 과정에서 1차 형량이 감소하고, 반성의 내용에 따라 재판장의 재량으로 그 형을 감경할 수 있습니다. 예를 들어 범죄전력이 하나도 없는 초범입니다. 실수했습니다. 잘못했다고 반성도 했습니다. 피의자나 피고인의'진지한 반성'이 검사가 구형량을 정하는데 정상이 참작되고, 재판장이 판결을 선고하는데 양형의 중요한 잣대 중의 하나가 됩니다.

대법원의 양형 기준에 법관이 형을 감경할 수 있는 요인으로'진지한 반성'이라는 문구가 들어있습니다.

실제 판결문에도'피고인이 반성하는 태도를 보이고 있다'라고 기재하기도 합니다. 어떤 분은 1심에서 징역 3년을 선고받고 항소하고 반성문을 통하여 진지한 반성의 모습을 보이자 항소심에서는 반성한다는 이유로 형량이 절반으로 줄었습니다. 진지한 반성은 객관적으로 확인할 수 없는 감정의 영역이지만'반성이라는 내면적 감정의 작용을 법관들이 판단할 근거가 마땅치 않기 때문에 피의자나 피고인이 반성문을 냈느냐 반성문을 안 냈느냐 몇 차례 반성문을 냈느냐를 판단할 수밖에 없고 반성문 제출은 수사 과정이나 재판 과정에서 내야 하는 하나의 요식행위이자 절차가 돼 버린 것 같습니다.

그래서 형사사건에 대한 대표적인 양형자료는 반성문입니다.

반성문은 반성의 대상이 검사나 재판장이 아니라 피해자입니다. 피해자에게 잘못을 사죄하고 뉘우치는 반성의 모습을 검사나 재판장에게 내 보이고 합당한 처분을 내려달라는 것입니다. 그런데 반성문은 피해자는 아랑곳하지 않고 검사나 재판장을 향해 있다는 것입니다. 어떤 반성문은 검사나 재판장에게 잘못을 하고 용서를 구하는 것처럼 작성하고 있고 피해자에 대한 사과는 한마디도 없습니다.

이런 반성문은 하나도 도움이 되지 않습니다.

피해자가 용서하지도 않았고 피해자에게 잘못을 사죄하지도 않았는데 검사나 판사에게 잘못했다며 진지한 반성을 한다고 해서 검사가 구형량을 깎아 주고 판사가 형량을 줄여준다면 피해자가 어떻게 용납할 수 있습니까. 진심으로 반성문을 통하여 피해자에게 사죄하고 피해복구를 위해 최선을 다하고 있는 모습을 검사나 재판장에게 보여주고 형을 정하는데 정상을 참작해 달라고 작성해야만 도움이 될 수 있습니다.

피의자나 피고인이 정말 반성하고 있는지 가려내는 방법이 딱 한 가지 있다고 말할 수 있습니다. 판결이 내려진 후에 항소하는지 아니면 항소하지 않고 판결의 결과를 묵묵히 받아들이는지 지켜보는 입니다. 판결을 인정하는 행동은 자신이 저지른 죄를 직시한다는 증거입니다. 실제로 판결을 선고하기 전에는 눈물 흘리며 평생 반성하겠다고 반성문을 통하여 다짐하고는 판결 뒤 곧바로 항소하는 모습은 너무 전형적이라 판결을 선고받기 전과 판결이 선고된 후 앞뒤가 틀립니다.

이런 반성문은 대부분 자신의 잘못으로 인해 피해자는 물론 그 자족들에 대한 고통을 조금이라도 헤아리지 않고 양형만 줄여보려는데 혈안이 되어 있어 면피용이기 때문에 도움이 안 될 수 있습니다.

피의자나 피고인이 반성문에 목매는 이유는 반성의 여부가 양형 기준에 포함돼 있기 때문입니다. 반성문을 제출하면 감경요소에 해당하나 반대로 반성이 없으면 형의 가중요소에 해당하기 때문입니다.

13. 재판과 반성문의 효과

형사재판과 수사에 20%정도는 유·무죄를 따지고, 나머지 80%정도는 반성문을 통하여 피의자나 피고인의 양형을 정하는데 좌우할 수 있으므로 피의자나 피고인의 진지한 반성의 모습을 보고 피의자나 피고인에게 가장 알맞은 양형을 정하는데 활용되도록 반성문을 작성하여야 효과적입니다.

잘 쓴 반성문은 분명히 검사의 구형량을 줄일 수 있고, 판사의 양형을 정하는 데 꽤나 중요한 영향을 미칠 수 있습니다.

피의자의 진솔한 반성이 제대로 전달되면 검사가 공소를 제기할 때 구형량을 줄일 수 있고, 피고인의 진술한 반성이 재판장에게 전달되면 재판장이 정하는 형량이 낮아질 수 있습니다. 이와는 반대로 피해자의 생생하고 절절한 엄벌탄원서는 피의자나 피고인에게 중형을 선고하는 데 큰 역할을 할 수 있으므로 반성문을 제출하기 이전에 엄벌탄원서가 들어가지 않도록 각별히 유의해야 합니다.

피고인의 유·무죄는 물론, 양형까지 결정해야 하는 재판장으로서는 경찰에서 조사한 내용만으로 피고인의 양형을 정하는 것은 턱 없이 부족하기 때문에 피고인이 제출한 반성문을 보고 재판장이 피고인에 대해 미처 알지 못했던 이야기들을 파악하고 양형을 정하기 위해서 반영합니다.

14. 법관이 바라는 반성문

검사나 판사가 꼽는 좋은 반성문의 요건은 거의 3가지로 구분할 수 있습니다. 우선 반성은 말이 아니라 행동으로 보여줘야 합니다. 피해자가 받은 피해를 회복하기 위해 어떤 노력을 했는지 보여줘야 합니다. 합의를 위한 노력을 기울인다든지 피해자가 상상할 수 없는 큰돈을 합의금으로 요구하고 있어 최선을 다해보고 그래도 합의가 되지 않으면 공탁을 하겠다는 식으로 책임을 다하는 모습을 보여줘야 합니다.

피해자가 없는 사건이거나, 음주운전으로 적발된 경우 치료하는 재활센터에 미리 미리 등록하는 식의 재활 의지를 반성문을 통하여 드러낸다면 검사나 판사의 마음을 움직일 수 있습니다.

지방의 모 지방법원의 판사가 가장 두려운 것은 "판사가 풀어준 피고인이 재판이 끝나자마자 또 재범을 하는 것"이라고 합니다. 반성문을 통하여 피의자나 피고인이 "재범의 우려를 불식시키는 게 가장 중요"합니다.

그 다음은 의견서와 같은 공식문서를 통하여 표현하기 어려운 진솔한 마음을 담는 것입니다. 이미 다른 문서 등을 통하여 진술한 내용을 다시 반성문에서 두 번, 세 번 되풀이 할 필요는 없습니다. 경기도에 있는 모 지방법원 의 모 부장판사는 "수사기록에서 드러나지 않은 사건의 경위나 사건의 전후 심정 등을 반성문을 통하여 진솔하게 표현하는 모습은" 비록 죄는 저질렀지만 피고인 입장에선 이렇게 생각했을 수도 있겠다. 라고 생각할 때가 있다며 아주 드문 경우에 속하지만 이럴 때는 재판장으로서는 피고인의 형량을 정할 때 고심하게 된다고 말한 것만 보면 반성문을 통하여 재판장이 피고인에게 알맞은 양형을 정하기 위해 반성문을 모두 읽고 양형자료를 찾는다는 것입니다.

15. 반성문은 많이 쓸수록 효과

반성문은 같은 내용으로 자주 쓴다고 좋은 것도 아닙니다.

검사나 재판장들이 알려주는 말에 의하면 반성문은 "한 번을 쓰더라도 제대로 쓰는 게 중요하다"고 합니다. 간혹 피의자나 피고인이 반성문을 직접 쓰면 더 진정성이 있을 거라 생각하고 육필(자필)을 고집하는 사람도 많습니다.

반성문을 육필(자필)로 쓰더라도 무슨 말을 썼는지 반성문을 읽는 분이 알 수 없을 정도로 악필이라면 육필보다 컴퓨터에서 워드로 쳐서 내는 것이 좋습니다. 반성문은 육필이든 워드로 쳐서 내든 상관없습니다. 내용이 중요하고 진정성이 중요합니다.

16. 진정성 있게 작성

반성문은 진정성 있게 피해자에게 사죄하는 것은 무엇을 잘못했는지 정확하게 복기하는 것입니다. 자신의 잘못을 있는 그대로 담지 않은 피해자에 대한 사죄는 나중에 책임 소재의 문제나 법적 분쟁에서 벗어나려는 것을 염두에 둔 행동에 그칠 뿐입니다. 사죄에 방어적인 조건을 달면 변명이 돼 진정성을 상실할 수 있습니다.

피해자에게 사죄하는 것은 말로 그치는 것이 아닙니다.

진정성 있게 하려면 같은 문제가 재발하지 않을 것이라는 확신을 줄 수 있어야 합니다. 잘못을 사죄하는 피의자나 피고인이 책임을 통감하고 피해자가 입은 피해를 복구하는 것도 중요합니다. 하지만 더 필요한 자세는 다시는 이런 일들이 일어나지 않게 하겠다는 약속을 하는 그 마음입니다.

진정성은 삶 자체가 진실하고 행동이 가식적이지 않는 사람에게 붙여지는 수식어라 할 수 있습니다. 공생하려면 신뢰가 바탕이 되어야 합니다. 그 신뢰를 입증하는 길이 바로 진정성입니다. 진정성은 더 이상의 신뢰사항이 아닌 반성문에는 필수 요소가 되었습니다.

반성문은 그 어느 때보다도 더욱 진정성을 필요로 하고 있습니다.

피의자나 피고인이 반성문을 통하여 선처를 호소하는 양형자료가 진실이라고 생각하는 것이 다른 사람이 볼 때 진실이 아닐지도 모릅니다. 또 그것을 철저한 가식이라고 여길 수도 있습니다.

하지만 진정성을 이루는 것은 '진실한 것은 무엇이든 소중하다'는 것이므로 진정성은 타고나야만 하는 품성은 아닙니다. 누구나 끊임없이 자기성찰과 개선을 통해서 갖출 수 있습니다. 그 사람의 진정성은 그 사람이 살아온 과정을 보면 됩니다. 위선과 가식으로 포장된 것이 아니라 살아온 삶 자체가 진실하였는지를 보는 것입니다.

올바른 자신만의 원칙과 기준을 가지고 있다면 원칙과 기준이 있었다면 그런 물의를 빚는 행동이나 결정을 내리지 않았을 것입니다. 사회가 공정하다는 것은 상식적 수준의 원칙이 바탕이 돼야 합니다. 따라서 상식의 선에서 눈높이를 맞추려면 개개인이 삶의 원칙을 정립해야 합니다. 이러한 원칙이 정립되면 일상생활에서 서로 문제가 발생했을 때 사안을 판단하는 기준이 되며, 여러 만나는 사람들에 대한 평가의 기준이 됩니다. 삶의 원칙을 정하라는 말의 의미는 인간관계의 딜레마에 빠지지 말고 자신이 우선하는 가치에 따라 원칙대로 행동하라는 뜻입니다.

반성문을 진정성 있게 작성하여야 한다는 것은 반성문을 읽고 도움을 줄 수 있는 분이 피의자나 피고인이 정성을 다한 모습과 진심을 보고 양형의 판단자료로 삼아 정상을 참작하기 위한 것입니다.

그래서 반성문은 진정성 있게 보이기 위하여 육필로 작성하거나 컴퓨터에서 워드로 작성하여 진정성을 얻고 도움을 받으려고 하는 것입니다.

제2장 반성문 최신서식

(1)반성문 - 음주운전 면허취소 행정심판청구 이런 일 반복하지 않겠다며 면허취소
만 면하게 선처 호소 하는 반성문

반　　성　　문

사 건 번 호 : ○○○○행심○○○○호　음주운전

청 구 인 : ○　　　○　　　　○

인천광역시행정심판위원회　귀중

반 성 문

1. 청구인

성 명	○ ○ ○	주민등록번호	생략
주 소	인천시 ○○구 ○○로 ○○, ○○○-○○○호		
직 업	회사원	사무실 주 소	생략
전 화	(휴대폰) 010 - 4451 - 0000		
사건번호	○○○○행심○○○○호 음주운전		

위 청구인은 ○○○○. ○○. ○○. 인천광역시 행정심판위원회에 운전면허취소처분 취소 행정심판청구사건에 대하여 아래와 같은 사유로 반성문을 제출하오니 깊이 통찰하시어 선처해 주시기 바랍니다.

○ 존경하옵는 심판위원님!

이 세상에서 완벽한 사람은 아무도 없습니다. 아무리 교양이 있고 인품이 있고 학식과 경험이 풍부하며 주도면밀한 사람이라고 할지라도 그 사람에게도 여전히 부족한 점이 있고 어쩌다 실수도 합니다. 그 이유는 연약한 사람이기 때문입니다. 그러나 사람의 위대한 점은 자신의 부족한 것을 늘 반성하고 조금씩 고쳐나가는 것인데 청구인은 사회 경기가 매우 어려운 이때 술을 먹고 음주운전을 하였다는 자체가 용서되지 않아

온 가족들에게 원망과 지탄받고 있습니다.

○ 존경하옵는 심판위원님!

청구인은 음주운전이라는 실수의 허물을 스스로 돌이켜 보고 다시는 이러한 일 없도록 하겠다고 다짐을 하고 반성하는 사람이 되어야 하는데 반성할 줄 모르는 저 자신은 집 사람에게 부끄럽고 아이들에게 창피해서 얼굴을 들지 못할 지경입니다. 사람들은 앞으로 전진만 하려고만 합니다. 그러나 빨리 가는 것도 중요하지만 더 중요한 것은 올바른 길을 가야 한다는 것입니다. 저는 올바른 길을 간다는 것보다 음주운전을 해도 큰 사고가 나지 않아 다행이라고 생각하는 것이 아니고 음주운전으로 적발이 되지 않아 다행이라는 생각에만 젖어있었던 것도 사실입니다.

○ 존경하는 심판위원님!

저는 지금까지 인생의 길을 가면서 때로는 현재 내가 올바른 길을 가고 있는지 돌아보지 못했습니다. 과연 청구인이 음주운전으로 적발된 것이 다행이라고 생각합니다. 큰 사고로 이어지지 않아 천만 다행이라고 곰곰이 생각해 보니 너무 큰 죄라고 생각이 되어 이렇게 존경하옵는 심판위원님께 용서를 구하고자 합니다. 사무실이나 집이나 잠자리에서나 어디에서든지 조용히 오늘 하루 온종일 음주운전으로 적발된 과정을 돌아보고 차분히 저 자신을 돌아보고 더 나아가 지금까지 살아온 제 인생을 돌아보니 정말 한심한 인생을 살아온 것을 후회하고 뼈저리게 뉘우치고 반성하고 있습니다.

○ 존경하옵는 우리 심판위원님!

인간은 기계와도 같습니다. 기계가 제대로 작동이 되지 않을 때 고장 났다고 합니다. 고장 난 기계는 제대로 돌아가지 않으며 이상한 소리를 내고 아무런 유익을 주지 못합니다. 마찬가지로 저는 이렇게 고장 난 채로 제대로 돌아가지 않습니다. 많은 사람들에게 피해를 끼치고 아무런 유익을 주지 못하고 해서는 아니 되는 음주운전으로 가족에게 내 사랑하는 아내와 아이들에게 고통을 주고 말았습니다. 그러므로 저는 고장 난 삶을 정상적인 삶으로 고치고자 이렇게 잘못을 뉘우치고 반성합니다. 순간적으로 실수를 하고 잘못된 생각으로 실수한 것을 깊이 반성합니다. 다시는 술 먹고 운전하는 일 없도록 하겠습니다. 한번 만 용서를 해 주시고 저에게 기회를 주시기 바랍니다.

○ 존경하는 심판위원님!

앞으로는 절대 술을 먹고 운전대를 잡는 일 없게 하겠습니다. 기계도 고치면 잘 돌아가고 소리가 나지 않고 좋은 결과를 내듯이, 청구인도 반성하는 자세로 다시는 이러한 잘못을 반복하지 않겠다고 다짐하고 저 자신의 삶을 반성하고 방탕한 습관을 모두 버리고 우리 가족을 생각해서 열심히 잘 살겠습니다. 반성하고 고치면 분명이 우리 가족에게 행복이 찾아옵니다. 저의 삶에 있어 잘못된 것을 고칠 때 비로소 행복은 청구인에게 웃으며 다가온다고 뉘우쳤습니다. 많은 사람들이 한 때 뉘우치고 한 때 고치기도 합니다. 그러나 그것을 지속적으로 하는 사람은 많지 않습니다. 청구인은 옛날 습관과 옛날의 모습으로 돌아가지 않고 다시 태어나는 기분으로 남에게 늘 베풀면서 살겠다고 반성했습니다.

○ 존경하옵는 심판위원님!

저는 지금까지 30년 동안 운전을 하면서도 단 한번 도 교통법규를 위반한 사실이 없고 음주운전도 이번이 처음인데 이번과 같은 실수로 음주운전을 하였다고 해서 저에게 운전면허를 취소한다는 것은 청구인에게 있어 너무나 가혹한 처분이라 아니할 수 없습니다. 따라서 저는 6명의 가족을 부양하는 가장으로서 존경하는 심판위원님께서 하시는 결정에 따라 우리 온 가족의 생계가 달려있습니다.

○ 존경하는 심판위원님!

저는 지금도 한순간 잘못 생각한 실수로 인하여 밤이면 잠을 제대로 이루지 못하고 걱정 때문에 불면증에 시달리고 있습니다.

○ 존경하옵는 심판위원님!

저는 앞으로 절대 이런 일이 없도록 늘 고치고 지속적으로 새로운 삶으로 바꿔 나갈 것을 존경하옵는 심판위원님께 다짐하고 다시는 술 먹고 음주운전하지 않을 것을 맹세하오니 부디 선처를 베풀어 주셨으면 하는 마음 간절하여 간청 드립니다.

○○○○ 년 ○○ 월 ○○ 일

위 청구인 : ○○○   (인)

인천광역시행정심판위원회 귀중

(2)반성문 - 공무집행방해 형사재판 앞둔 피고인이 진지한 반성의 모습으로 재판장
님께 간곡히 선처호소 반성문

반 성 문

사 건 번 호 : ○○○○고단○○○○호 공무집행방해 등

피 고 인 : ○   ○   ○

충주지원 형사 제3단독귀중

반 성 문

1.피고인

성 명	○ ○ ○	주민등록번호	생략
주 소	충청북도 충주시 ○○로 ○○, ○○○-○○○호		
직 업	종업원	사무실 주소	생략
전 화	(휴대폰) 010 - 4578 - 0000		
기타사항	○○○○형제○○○○호 공무집행방해 등		

상기 피고인은 청주지방법원 충주지원 ○○○○고단○○○○호 공무집행방해 등 피고사건의 피고인으로서 아래와 같은 절박한 사정으로 재판장님께 반성문을 제출하오니 부디 피고인을 선처해 주시기 바랍니다.

○ 존경하는 우리 재판장님께 호소합니다.

피고인은 ○○○○. ○○. ○○. 11:30 재판장님으로부터 공판을 마치고 ○○○○. ○○. ○○. 오후 13:50에 판결 선고를 앞두고 있는 피고인 ○○○ 라고 합니다. 정말 죄송하고 죽을죄를 졌습니다. 아무리 생각해도 제가 왜 그런 짓을 또 했는지 지금까지 이해가 안 갑니다. 아마 미쳤던 것 같습니다. 미쳤다고 해도 좋게 미친것이 아니라서 더 이해가 안 갑니다. 정말 죄송합니다. 죽을죄를 졌습니다.

○ 자비로우신 우리 재판장님!

나이도 어린놈이 벼도 익으면 고개를 숙인다는데 친구들과 어울려 다니다가 어쩌다가 사람을 때리고 그것도 모자라서 경찰관까지 때렸다는 것이 도대체 뭐 때문에 무슨 이유로 이런 짓을 했는지 변명 같으시겠지만 정말 기억이 안 납니다. 이유야 어찌되었건 제가 다 잘못했습니다. 술 때문에 잠시 이성을 잃고 한 짓이라고 하더라도 제가 너무나 잘못했습니다. 반성합니다. 무엇보다도 저로 인하여 충격을 받으신 경찰관님과 피해자님께 무릎을 꿇고 용서를 빌고 또 빌겠습니다. 저는 많은 것을 뉘우치고 반성했습니다. 판결 선고일자가 하루하루 다가올 때마다 저는 정말 피가 마르는 나날을 보내고 있습니다. 정말 가슴이 터질 것만 같습니다.

○ 은혜로우신 우리 재판장님!

저는 택시기사분이 갑자기 끼어드는 바람에 큰 사고로 이어질 것 같아서 이에 격분하여 말다툼을 한 것은 맞는데 때린 기억은 없습니다. 말다툼을 하면서 몸싸움만 했는데 피해자를 10대 이상 때려 폭력범으로 몰려 억울하게 연행돼 조사를 받던 중 담당 경찰관을 폭행하여 공무집행방해를 했다는 말을 듣는 순간 죽고 싶었습니다. 피고인은 술을 그렇게 많이 마시지도 못합니다. 술을 먹으면 잠을 자야하는 습관이 있고 평상시 남들과 말도 잘 못하는 수줍음을 많이 타는 여자 같은 성격인데 요즈음 들어 부쩍 술에 의존하고 술을 일로서 잊고자 하고 그 방편이 술이 되고 술을 진통제 삼아 진통제 없이는 살아 갈 수 없는 지경까지 온 것 같습니다. 왜 제가 왜 이런 짓을 했는지 아직까지도 이해가 안 됩니다. 다 술 때문에 일어난 일입니다. 술을 아예 끊겠습니다. 죄송합니다.

○ 존경하는 우리 재판장님!

범행 당시 술에 만취해 당시 상황을 일부분밖에 기억하지 못하고 있습니다. 제 자신을 절제하지 못해 발생한 일로 깊이 반성하고 있습니다. 아무리 만취했다 하더라도 경찰관에게 함부로 말을 한 것에 대해 깊이 반성하고 사죄드립니다. 저는 경찰관들에게 용서를 구하고 사죄드리기 위해서 여러 번 찾아갔으나 만나보지 못했습니다. 이 같은 피고인의 잘 못된 행동으로 사람이 죽거나 크게 다칠 수도 있다는 생각에 큰 충격을 받았습니다. 죄송합니다. 죽을죄를 졌습니다. 존경하는 재판장님께서 새 삶의 기회를 주신다면 앞으로의 인생을 허비하지 않고 주위 어려운 사 람들을 둘러보며 봉사활동을 하며 살기로 다짐하고 맹서하오니 부디 저 에게 선처해 주실 것을 호소합니다.

○ 존엄하시고 자비로우신 재판장님!

피고인은 젊은 나이에 비록 조그마한 식당에서 종업원으로 일을 하고 있지만 사랑하는 사람이 제게 생겨 조만간 결혼식을 앞두고 있는 처지 에서 또 정신을 차리지 못하고 사랑하는 사람에게 좋은 모습을 보여주 지 못한 상황에서 피고인의 사회 재기를 막는 가혹한 형이 선고된다면 피고인 뿐 아니라 곧 결혼할 사람에게 큰 죄를 짓는 것 같아서 정말 죽 고 싶은 심정입니다. 아직까지 피해 경찰관과 피해자로부터 용서를 받지 못했습니다. 마지막까지 용서를 받기 위해 최선의 노력을 하겠습니다. 진심으로 뉘우치고 반성하고 있습니다.

비록 아픔과 상처가 있지만 그 고통이 도리어 저를 성장시키고 인생의 참 깊은 곳까지 저를 안내해 줄 뿐 아니라 더 나아가 다른 사람의 고통 까지도 공감하고 저를 깨우쳐주고 흔들어주었으며 제 삶의 의미를 알게 해준 고마운 분들에게 꼭 보답하겠습니다. 아무리 힘든 고통을 겪고 있 다 하더라도 지금 이 순간만은 홀홀 다 털어버리고 함께 충분히 슬퍼하 며 내적인 모든 장애물인 술을 제거하고 싶습니다.

○ 은혜로우신 우리 재판장님!

선고 일자를 앞두고 밤새도록 낑낑 앓다가 그 다음날 새벽녘에 일어나 염치불구하고 그래도 살아야겠다는 생각으로 온 힘을 다해 재판장님께 선처를 호소하게 된 것입니다. 앞으로는 삶을 향한 꺾이지 않는 열정으로 최선을 다하는 모습을 재판장님께 보여 드리겠습니다. 정말 잘못했습니다. 죄송합니다. 사실은 반성문을 쓰면서 내내 많이 떨렸습니다. 가슴이 아플 대로 아파서 이렇게 선처를 재판장님께 호소합니다. 주위에서 저에게 따뜻한 위로와 격려를 아끼시지 않으신 분들을 생각하고 하염없이 눈물도 많이 흘렸습니다. 죄송하고 미안해서 가슴이 터질 것만 같았습니다. 입이나 머리가 아닌 가슴으로 말씀을 드리려고 애썼으나 많은 부분 반성이 부족함을 느꼈습니다. 죄송합니다.

○ 자비롭고 은혜로우신 재판장님!

저는 재판장님께 공판을 마치고 나오는 순간 악순환의 연속이던 술을 끊었습니다. 한번만 더 용서해 주시면 열심히 살겠습니다. 저는 매일 밤마다 제가 구속되어 무시무시한 형무소로 들어가 죄수복입고 쪼그리고 앉아서 우는 꿈을 자주 꾸고 있습니다. 피고인은 저의 불안전함과 결핍감을 채워 줄 대상을 찾아 헤매면서 술을 통해 일시적으로 의존하려는 했던 것이고 이번의 계기로 인하여 술도 끊고 내면에 꾹꾹 눌러 담아뒀던 욕구와 비정상적인 방법으로 문제를 일으킨 잘못을 후회하고 반성하고 잘못을 뼈저리게 뉘우치고 반성하고 있습니다. 저에게 한번만 기회를 주시면 다시는 이런 일 생기지 않게 하겠습니다. 재판장님께 피고인에 대한 선처를 또다시 호소합니다. 그러나 저에게 부족함을 드러냄으로써 한 발 더 앞으로 내디딜 수 있는 계기가 되었으면 합니다. 부디 저에게 한번만 더 용서해 주시고 기회를 주셨으면 합니다. 다시는 이런 일 생기지 않게 하겠습니다. 부디 선처를 호소합니다.

2. 소명자료 및 첨부서류

  (1) 피고인의 인감증명서   1통

○○○○ 년 ○○ 월 ○○ 일

위 피고인 : 0 0 0 (인)

충주지원 형사 제3단독귀중

(3)반성문 - 면허재발급 후 음주운전 판결의 선고를 앞두고 있는 피고인이 재판장
님께 간곡히 선처를 호소하는 반성문

반 성 문

사 건 번 호 : ○○○○고단○○○○호 교특법위반 등

피 고 인 : ○ ○ ○

춘천지방법원 제2형사단독 귀중

반　성　문

1.피고인

성　명	○　○　○	주민등록번호	생략
주　소	강원도 춘천시 ○○로 ○○○, ○○○-○○○호		
직　업	요식업	사무실 주　소	생략
전　화	(휴대폰) 010 - 9845 - 0000		
기타사항	○○○○형제○○○○호 교통사고처리특례법위 반 등		

　　상기 피고인은 춘천지방법원 ○○○○고단○○○○호 교통사고처리특례법위반 등 피고사건의 피고인으로서 아래와 같은 절박한 사정으로 재판장님께 반성문을 제출하오니 부디 피고인을 선처해 주시기 바랍니다.

　○ 존경하는 우리 재판장님께 올립니다!

　　피고인은 ○○○○. ○○. ○○. ○○:○○ 재판장님으로부터 공판을 마치고 ○○○○. ○○. ○○. 아침 ○○시에 판결 선고를 앞두고 있는 피고인 ○○○ 라고 합니다. 죄송합니다. 제가 재판장님께 선처를 호소하기 위하여 반성문을 쓰게 된 것은 누구로부터 요구를 받고 타의적으로 작성한 것이 절대 아니며 이 반성문은 전적으로 저의 내면에서 우러나오는 자발성에서 이뤄진 것임을 분명히 말씀드리겠습니다. 제가 한 행동에 대하여 입이 열 개라도 할 말이 없습니다. 저는 ○년 전에도 음주운전으로 적발되어 징역 ○개월에 집행유예 ○년의 처벌을 받고 ○○○○. ○○.경에 다시 운전면허시험에 응시하여 재발급을 받았음에도 채 잉크도 마르기 전에 또 술을 먹고 음주운전을 하고 말았습니다. 정말 죄송하고 부끄럽습니다.

○ 은혜롭고 자비로우신 우리 재판장님!

저는 강원도 양구에서 조그마한 식당을 운영하면서 아버님과 어머님을 모시고 살던 중, ○○○○. ○○. ○○.에 아버님께서 갑자기 돌아가시고 현재는 연로하신 노모님을 모시고 처와 1남 1녀와 살고 있는데 아버님께서 지병으로 갑자기 돌아가신 후로는 연로하신 어머님께서 그 충격으로 인하여 거동도 불편하시고 건강상태가 많이 좋지 않습니다. 이러한 가정형편에서 항상 긴장한 상태로 어머님을 보호해야 할 가장인 제가 잠시 이성을 잃고 술을 먹고 해서는 아니 되는 음주운전을 하여 정말 죄송하고 죽을죄를 졌습니다. 제가 지금 곰곰이 생각하면 그 때 그 상황에서 잠시 정신을 잃었거나 미쳤던 것 같습니다. 미치지 않고서야 왜 되풀이 하겠습니까. 정말 죄송합니다. 거동도 불편하시고 아버님 돌아가신 후로는 부쩍 기력까지 잃고 계시는 우리 어머님을 생각하면 음주운전이 가당치도 않은데 도대체 무슨 생각으로 또 술을 먹고 음주운전을 하였는지 정말 쥐구멍이라도 있으면 들어가고 싶은 심정입니다. 지금에 와서 후회하고 저 자신의 잘못을 반성한들 무슨 소용이 있겠습니까. 다 제가 못나고 절제할 줄 모르고 술에 의존하려는 저에게 있다고 생각하고 뼈저리게 뉘우치고 반성하고 있습니다. 정말 죄송하고 죽을죄를 또 졌습니다. 죄송합니다.

○ 자비로우신 우리 재판장님!

법을 어긴 피고인은 제가 잘못한 이상 이에 합당한 죄과를 치르는 것이 당연합니다. 그러나 피고인의 가정 형편은 매우 어렵습니다. 우리 가족은 끼니를 걱정할 정도로 형편이 매우 열악합니다. 여기에 홀로 계시는 노모님께서는 지금 많이 편찮으십니다. 저 때문에 돌아가실까봐 불효자식은 늘 노심초사하고 있는 입장에서 이렇게 염치불구하고 재판장님께 선처를 호소하는 저 자신이 얼마나 부끄러운지 아무도 모릅니다. 존경하는 재판장님 저 한번 만 더 용서해 주세요. 우리 불쌍한 어머님 아무것도 모르시고 피고인만 찾으시고 계시는 우리 어머님을 헤아려 주시고 용서해 주시면 고맙겠습니다. 아버님께서 옆에 계셨을 때는 그래도 조금씩은 다니시고 기력이 조금은 있으셨는데 아버님께서 작년 12월에 돌아가시자 그 충격으로 노모님께서는 거동조차 불편을 느끼실 정도로 쇠약해지시고 스트레스를 받으시면 언제 어떻게 될지 아무도 모르는 위험한 상황입니다. 피고인이 음주운전으로 적발되던 날에도 친구들과 장사가 잘되지 않아 이런 저런 궁리를 하다가 술을 마셨기 때문에 원만하면 음주운전을 하지 않았습니다. 노모님께서 많이 편찮으시다는 연락을 받고 순간 저는 아무 생각도 없이 술을 먹었다는 사실조차 잊어버린 채 무조건 어머님께 달려가다가 적발되었습니다.

○ 은혜로우신 우리 재판장님!

그렇다고 해서 술을 먹고 운전한 것을 잘했다는 것은 아닙니다. 저로 인하여 만에 하나 잘못되기라도 하면 우리 가족은 물론이고 노모님께서 돌아가실 것이라는 생각과 죄책감으로 하루 온종일 악몽에 시달리고 있습니다. 죽을죄를 졌습니다. 죄송하고 미안합니다. 정말 잘못했습니다. 아무것도 모르시는 노모님께서는 지금도 피고인만 찾고 계십니다. 피고인이 또 음주운전으로 적발되어 재판을 받고 있다는 사실자체를 모르고 계십니다. 혹 아시고 그 충격으로 돌아가시면 어떻게 하나 온 가족들이 노심초사하고 있습니다. 피고인은 숨만 쉬고 있지 죽은 사람이나 마찬가지입니다. 피고인이 운영하는 식당장사가 이제는 옛날 같지 않습니다. 수입이 줄어드는 바람에 어머님의 병원비도 아이들의 학비에도 터무니없이 모자라자 이제는 집사람까지 개인사업체에서 아이들의 학비라도 벌겠다고 나섰는데 피고인은 술을 먹고 음주운전으로 적발되어 아이들과 집사람 앞에서 각서에 피를 칠해가며 맹서하고 바로 자동차를 폐차를 시켰습니다. 술도 이참에 아예 끊었습니다. 아이들에게는 부끄러운 아버지가 되고 말았고 집사람에게는 부끄러운 남편이 되고 말았습니다. 존경하는 재판장님께서 피고인을 한번 만 더 살려주세요. 다시는 이런 일 없도록 하겠습니다. 한번 만 더 기회를 주시면 우리 가족과 불쌍하신 노모님을 위해 정말 열심히 살겠습니다.

○ 존경하는 우리 재판장님!

아내와 아이들에게 술을 먹지 않겠다고 각서를 백번 쓰고 혈서를 쓰면 무슨 소용이 있겠습니까. 아무리 힘이 들고 어려운 일이 생겨도 제 스스로 절제하고 술을 통해 위안하려는 정신 상태를 고치지 않는 한 이것보다 더 큰 사고로 이어질 수도 있다는 것을 새삼 뉘우치고 깨달았습니다. 저에게 한번만 기회를 주시면 절대 이런 일 없도록 하겠습니다. 아예 술도 끊기로 가족 앞에서 약속했습니다. 재판장님께서 한번만 더 저에게 속는 샘 치시고 용서해 주시면 이제는 가족에게 한 약속을 반드시 지켜야 하므로 절대 하지 않겠습니다. 술을 이미 끊기로 했고 자동차는 폐차시켰고 원만하면 자전거로 해결하려고 하늘에 맹서했습니다. 저는 운전대를 잡는 일 없도록 하고 원만하면 걸어서 다니고 자전거를 이용해 살아갈 각오되어 있습니다. 다시는 술 먹는 일 없도록 하겠습니다. 선처를 호소합니다.

○ 존경하는 우리 재판장님!

이게 제 인생의 가장 큰 실수였던 것 같습니다. 다시는 되풀이하지 않을 것입니다. 한 가정을 책임져야 하는 가장이 그 것도 연로하신 노모님을 모셔야 하는 불효자식이 돌이킬 수 없는 상황을 만들고 말았습니다. 재판장님께서 선고하시는 날이 이제 얼마 남지 않았습니다. 저는 매일 매일 피가 마르는 나날을 보내고 있습니다. 매일매일 가슴이 두근두근 거리고 거동이 불편하신 우리 어머님만 생각만하면 자꾸 죄스러워서 견딜 수도 없고 잠도 잘 수도 없었습니다. 이제는 저로 인해 불쌍하신 어머님께서 돌아가시는 악몽에서 벗어날 수 있도록 재판장님의 선처를 호소합니다. 그 동안 많은 것을 뉘우치고 반성 많이 했습니다. 다시는 길이 아니면 가지 않고 사소한 잘못도 저지르지 않고 정말 착하게 살겠다고 하늘에 두고 맹세하고 약속드립니다. 부디 선처를 호소합니다.

○ 은혜롭고 자비로우신 재판장님!

연로하신 노모님을 불쌍하게 여기시어 제발 구속만은 면하게 해주시면 평생 동안 이 은혜 잊지 않겠습니다. 한번 만 더 용서해 주세요. 불쌍한 우리 어머님을 위해서 제가 잘못되면 큰일 납니다. 제가 잘못되면 우리 가족은 모두 굶어 죽습니다. 재판장님께서 우리 어머님을 봐서라도 저에게 한 번만 더 기회를 주시고 자비를 베풀어 주시면 감사하겠습니다. 재판장님 앞에서 어린 아이들의 이름을 걸고 맹서하겠습니다. 또다시 선처를 호소합니다. 저는 비록 음주운전으로 적발되었지만 요식업에서 일 하느라 늘 바쁘게 살았고 가정에도 충실한 책임감이 있는 가장이었습니다. 늘 아내를 존중하고 아낄 줄 아는 남편으로서 노모님께는 자식이 아니라 정신적 지주란 믿음을 얻고 있는 자랑스러운 아들이자 가장이였습니다. 피고인은 돈을 많이 벌지는 못하지만 바쁘다는 핑계로 우리 사랑하는 가족을 무책임하게 돌보지 않는 사람이 아니고 항상 최선을 다했었는데 그놈의 술 때문에 가만히 생각하면 인생을 그르친 것 같습니다. 부디 피고인에게 선처를 호소합니다.

2. 소명자료 및 첨부서류

　　(1) 피고인에 대한 임감증명서　　　　　　　　　　　　　　　1부

　　　　　　　○○○○ 년 ○○ 월 ○○ 일

　　　　　　　　　　　위 피고인 : 0　0　0　　(인)

춘천지방법원 제2형사단독 귀중

(4)반성문 - 음주운전 가정형편이 어려워 노모님 부양할 사람 없어 검사님께 구속을 면하게 해달라고 호소하는 반성문

반 성 문

피 의 자 : ○   ○   ○

광주지방검찰청 000검사님 귀중

반 성 문

1.피의자

성 명	○ ○ ○	주민등록번호	생략
주 소	광주시 ○○구 ○○로 ○○, ○○○-○○○호		
직 업	회사원	사무실 주 소	생략
전 화	(휴대폰) 010 - 4590 - 0000		
기타사항	광주지방법원 ○○○○고단○○○○호 ○○사건		

　상기 피의자는 광주지방검찰청 ○○○○형제○○○○호 ○○피의 사건의 피의자로써 아래와 같이 검사님께 반성문을 제출하오니 선처해 주시기 바랍니다.

　○ 존경하는 검사님께 올립니다.

　공사다망하신 검사님께 아래와 같은 절박한 사정으로 반성문을 올리게 된 점을 헤아려 주시고 선처해 주셨으면 하는 마음 간절합니다. 제가 검사님께 저의 가정형편을 말씀올리고 선처를 부탁드리는 것을 허용해 주십시오. 죄송합니다. 우선 이 반성문은 전적으로 저의 내면에서 우러나오는 자발성에서 이뤄진 것이고 작성한 것임을 분명히 말씀드리겠습니다.

○ 자비롭고 은혜로우신 검사님!

저의 잘못으로 인하여 반성문을 제출하게 되어 진심으로 죄송하게 생각합니다. 제가 저지른 행동으로 피해자께서 입었을 고통을 생각하면 지금도 그 죄책감으로 저는 힘든 하루하루를 고통스럽게 보내고 있습니다. 물론 제가 겪고 있는 고통이 어찌 피해자께서 입으신 피해와 비교가 될 수 있겠습니까. 제가 범한 잘못된 행동은 마땅히 벌 받아야 한다고 생각합니다. 사건 당일 저는 빨리 공사현장으로 달려가야 하는 상황이 발생하여 황급히 전철을 타기 위해 달려가다가 미쳐 피해 여성분을 발견하지 못하고 지하철계단에서 부딪쳐 피해 여성분을 계단으로 넘어져 상처를 입힌 것 정말 죄송하고 미안하게 생각하고 반성합니다.

○ 존경하는 우리 검사님!

하지만 제가 진심으로 반성하고 앞으로 사회에 많은 부분과 여러 곳에서 봉사할 수 있는 기회를 주시면 새롭게 태어나는 마음으로 소중하게 살아가고 싶습니다. 현재 저희 가족 중 아버지께서는 제가 어릴 때부터 질병으로 갑자기 돌아가시고 연로하신 어머님과 저 이렇게 두 가족뿐입니다. 아버지는 제가 11살이 되는 해에 돌아가셨고, 모친마저 고령에다가 무릎관절염· 고혈압· 당뇨 등 지병이 있는데도 불구하고 광주시내 재래시장 모퉁이에서 채소장사를 하고 계시지만 제가 옆에서 보살펴드리지 못하면 거동조차 불편하신 몸이십니다.

○ 은혜로우신 우리 검사님!

노모님과 제가 살고 있는 지금 이집도 반지하인데 1,000만원 보증금에 월 60만원을 내고 있는 월세집이며 여기에 모친의 약값이 부담이 되어 학창시절도 집에 일체부담을 줄 수 없어서 노모님 몰래 온갖 아르바이트 생활을 다 해왔으며, 지금도 홀로 계신 모친을 부양하며 가장의 역할을 하고 있습니다. 저는 나이는 젊으나 마땅히 배운 것도 없고 기술도 없고 연로하신 노모님을 부양해야 한다는 이유로 군 생활도 하지 않고 생활보호대상자로 모친을 모시고 정말 어렵게 생활하고 있습니다. 겨우 얻은 이번의 직장에서도 회사가 짓던 건물이 분양이 되지 않는 바람에 회사사정이 어려움이 생겨 결국 임금체불이 시작되어 회사는 문을 닫고 불가항력적으로 퇴사를 하게 되었습니다.

○ 존경하고 자비로우신 우리 검사님!

지금은 지인의 소개로 정수기 수리 업소에서 일을 하고 있습니다. 사건이 일어난 당일 거래처로부터 연락을 받고 제가 수리한 정수기가 작동이 되지 않는다는 연락을 받고 황급히 거래처로 달려가던 중 지하철계단으로 올라오시던 피해 여성을 미처 발견하지 못하고 부딪히는 사고로 피해 여성분께 상처를 안겨 드렸습니다. 저는 젊기 때문에 구속이 된다 하더라도 상관이 없습니다만, 저하나만 믿고 제가 옆에서 보살펴드리지 않으면 하루도 살지 못하시는 거동이 불편하신 노모님은 누가 보살펴야 할지 눈앞이 캄캄합니다. 저 혼자만의 문제라면 이렇게 까지 힘들어 하지 않았을 것입니다. 저의 잘못된 행동으로 인하여 연로하신 노모님께 너무나 큰 파장이 생기면 돌아가시지는 않을까 죄송한 마음으로 그 자책감과 괴로움때문에 정말 견디기 힘들어 밤잠을 눈물로 지세우고 있습니다.

○ 존경하는 검사님!

저의 어머니는 아버지께서 돌아가신 후 이 못난 저를 위해 안 해본 일이 없으실 정도로 고생만 하셨던 분이십니다. 아버지께서 계셨을 때 넉넉하지는 않았지만 행복한 생활을 하던 우리 가족이었는데 갑자기 아버지께서 돌아가시는 바람에 가계가 기울기 시작 했습니다. 그때는 자식인 제가 어렸기 때문에 아무런 도움도 보탬이 되지 못했습니다. 어머니께서는 그 때부터 어떻게든 살아보시겠다고 하시면서 재래시장 안 모퉁이에서 조그마한 비닐포장지를 깔고 그 위에서 채소를 파시면서 저를 키워오신분이십니다. 저도 나이는 어리지만 어머님께 조금이라도 고생을 들어드리려고 주유소 아르바이트, 우유배달 등을 해가며 학교생활을 스스로 했습니다.

○ 은혜롭고 자비로우신 검사님!

그래서 현재 어머니는 당뇨합병증에 무릎관절염을 앓고 계시지만 쉴 수 없다며 지금도 불편한 몸을 이끌고 재래시장으로 나가셔서 채소를 팔고 계시지만 거동이 불편하시어 제가 매일 등에 업고 어머님을 시장에 모셔 드리고 모셔오는데 이 수입으로 그럭저럭 생활을 유지하고 어머님의 약값을 해결하고 있는 실정입니다. 저는 이제 겨우 회사에 입사하여 사람 구실을 하겠다고, 아들 구실을 하겠다고 말씀드렸는데 이 못난 아들을 둔 죄로 노모님께서 겪으실 고통을 생각하면 제가 이렇게 숨을 쉬고 있다는 것 자체만으로도 죄라고 생각합니다.

○ 존경하는 우리 검사님!

저거 잘못해 일어난 죄는 벌을 달게 받아야 하지만 지금까지 살아오면서 부모님을 비롯해서 사회에 잘못된 행동 하나 없이 열심히 살아 왔다고 자부합니다. 한 순간 위와 같은 실수로 인하여 피해자님께 평생 지우지 못할 죄를 지었으며 저 또한 그 죄책감으로 하루하루를 보내고 반성하고 있습니다. 절말 죽을죄를 졌습니다. 잘못했습니다. 다시는 이러한 잘못을 되풀이하지 않겠습니다.

○ 은혜로우신 우리 검사님!

저에게 다시 새롭게 태어날 수 있는 기회를 주시면 평생 동안 봉사하면서 저보다 낮은 곳에 베풀며 착하게 살아갈 것을 약속드립니다. 염치없는 말씀이지만 저의 가정형편과 연로하신 어머님을 불쌍하게 여기시어 이번 사건에 대하여 불기소처분으로서, 저에게 다시 한 번 용서의 기회를 주시길 간곡히 부탁드립니다. 연로하신 노모님을 부양해야 하는 애틋한 사정과 평생 고생만 하신 노모님을 정말 불쌍하게 여기시고 우리 가족의 생계를 위해 구속만은 면할 수 있게 선처를 베풀어 주시면 감사하겠습니다. 저는 이번 일로 많은 것을 뉘우치고 반성했습니다. 다시는 이런 일 없도록 하겠습니다. 정말 죄송하고 잘못을 뼈저리게 뉘우치고 반성합니다. 검사님께서 결정하시는 결과에 따라 연로하신 노모님의 생계가 달려있습니다. 부디 우리 가정형편을 고려하시어 구속을 면할 수 있게 선처해 주시길 간절히 호소합니다.

2.소명자료 및 첨부서류

(1) 가족관계증명서   1통

(2) 월세계약서   1부

(3) 피의자에 대한 인감증명서   1통

○○○○ 년 ○○ 월 ○○ 일

위 피의자(반성문제출인) : ○ ○ ○   (인)

광주지방검찰청 000검사님 귀중

(5)반성문 - 음주운전 약식명령 벌금이 너무 많아 정식재판청구 재판장에게 가정 형편이 어렵다며 감액호소 반성문 최신서식

반　성　문

사 건 번 호 : ○○○○고정○○○○호　음주운전

피 고 인 : ○　　　○　　　○

대구지방법원 형사 제○단독 귀중

반 성 문

1.피의자

성 명	○ ○ ○	주민등록번호	생략
주 소	대구시 ○○로 ○○, ○○○-○○○호		
직 업	상업	사무실 주 소	생략
전 화	(휴대폰) 010 - 5587 - 0000		
사건번호	○○○○행심○○○○호 음주운전		

위 피고인은 대구지방법원 ○○○○고정○○○○호 정식재판청구사건에 대한 피고인으로서 재판장님께 아래와 같은 사유로 반성문을 제출하오니 선처해 주시기 바랍니다.

○ 존경하는 재판장님!

저는 경상북도 김천시에 직지사가 있는 시골마을에서 태어나 이곳에서 중학교를 마치고 아버님의 직장 따라 대구로 올라와 고등학교를 졸업하자마자 해병대에 자원입대해 만기전역 한 다음 어머님께서 운영하시던 과일상회를 이어받아 운영하고 있습니다. 제가 음주운전을 하게 된 것은 저에게 항상 불운이 덮치고 일이 제대로 돌아가지 않는 것에 대한 타당한 이유를 고민하다가 그만 술을 먹고 해서는 아니 되는 음주운전을 하여 죽을죄를 졌습니다. 저는 음주운전을 하여 후회가 막심합니다. 제가 살아가는 것이 극도로 비논리적이거나 비이상적일 수는 있습니다, 정의와 합리, 이상적인 기대와는 아무런 관련이 없는 원칙을 어머님으로부터 물려받아 굳건히 하고 고수하다가 예상치 못한 사건에 휘말리게 되어 술을 마시고 실수를 했습니다. 저에 대한 가장된 헛소문을 두고 고민 고민하다가 저도 모르는 사이 그만 술을 의존하고 잠시 잘못된 생각으로 음주운전을 하여 모든 분께 미안하고 죄송하게 생각하고 많은 것을 반성했습니다.

○ 존경하고 사랑하는 재판장님!

저는 가진 것도 없는 가정에서 태어나 부모님이 세를 얻어 시작하신 과일가게를 물려받아 장사를 하고 있지만 항상 큰 것들보다 작은 것들에 주의를 기울려 제가 부양해야 하는 노모님과 어린 자식들을 생각해서 정말 열심히 노력했습니다. 잠시 저 자신의 처지를 망각한 채 부모님과 어린 자식들의 기대마져 저버리고 술을 먹고 망가진 모습을 보여드려 미안하고 죄송한 마음으로 많은 것을 반성했습니다. 한 가정의 가장이라는 사실을 순간적인 울분을 참지 못하고 술을 먹고 엄청난 죄를 범하는 생각을 잊어버린 채 음주운전을 했다는 자체는 부끄러운 행동입니다.

○ 존경하는 재판장님!

피고인은 노모님과 어린 아이들을 부양해야 한다는 한 가정의 가장이라는 신분을 잠시 망각하고 해서는 아니 되는 음주운전 한 실수를 저질렀습니다. 정말 죽을죄를 졌습니다. 입이 열 개라도 할 말이 없습니다. 잘못했습니다. 술을 먹고 음주운전을 한 잘못 깊이 뉘우치고 많은 것을 반성하고 있습니다. 잘못했습니다. 죄송합니다. 무엇보다 가족들에게 실망을 안겨드려 부끄럽습니다. 한참 자라는 어린 아이들과 연로하신 노모님을 부양해야 하는 가장이 무슨 생각으로 술을 먹고 음주운전을 했는지 전혀 생각이 나지 않아 곰곰이 생각해보면 정말 한심한 짓을 했습니다.

정말 죄송합니다. 재판장님께 심려를 끼쳐드려 죄송하고 가족에게 미안하게 생각하고 있습니다.

○ 존경하는 재판장님!

저는 운전으로 과일을 파는 장사를 해 오면서 단 한번 도 음주운전을 하지 않고 교통법규를 위반한 전력이 없이 안전운전을 해왔습니다. 피고인은 하루온종일 자동차에 과일을 싣고 배달을 하고 과일을 싣고 팔아도 고작 얻을 수 있는 수입은 하루 7만 원 정도에 불과합니다. 위 수입으로 우리 식구들이 살아가고 있습니다. 그렇다고 해서 제가 지금까지 벌어놓은 돈도 없습니다. 하루 벌어 하루를 먹고 살고 아이들을 가르치고 어머님을 모시고 어렵게 살고 있습니다.

○ 존경하는 우리 재판장님!

이러한 저에게 음주운전이라는 실수를 한번 범했다고 해서 벌어먹지도 못하게 운전면허도 취소되었습니다. 여기에 설상가상으로 엄청난 음주운전벌금을 400만 원이나 부과한다는 것은 가정형편이 어려운 피고인을 죽어라고 몰아붙이는 것과 다름이 없고 너무 가혹하고 무거운 처분이 아닐 수 없습니다. 최근 피고인에게 음주운전에 대한 벌금으로 400만원을 납부하라는 약식명령을 송달받고 피고인은 하늘이 캄캄했습니다. 가정형편이 어려워 이렇게 많은 벌금을 납부할 형편이 안 돼 잠시 정신까지 잃었습니다.

○ 존경하는 재판장님!

제가 죽을죄를 범했습니다만, 음주운전 실수를 한번 했다고 해서 면허를 취소시키고 형편이 되지 못하는 벌금까지 400만원이나 납부하라는 것은 너무나 가혹한 처분입니다. 너무나 큰 금액이라 피고인은 며칠 밤을 뒤척이고 걱정이 되어 밤새 한숨도 자지 못했습니다. 저는 음주운전벌금을 납부하라는 약식명령을 받는 순간 가장먼저 어린 아이들과 연로하신 노모님의 생계가 걱정되어 정말 죽고 싶다는 생각까지 했습니다.

○ 사랑하는 재판장님!

저의 형편으로는 어떻게 많은 음주운전벌금을 납부해야 할지 형편이 되지 못해 정말 안타까울 뿐입니다. 제가 벌어오는 수입으로는 우리 식구들의 생활비도 빠듯한 형편입니다. 정말 터무니없이 부족한 생활을 하고 있습니다. 저에게 부과된 음주운전에 대한 벌금의 액수가 너무나 많고 납부할 능력이 없어 죄송하고 미칠 지경입니다. 매일같이 저는 악몽을 꾸고 있습니다. 생계수단이었던 운전면허가 취소되고 벌금을 낼 능력이 없는 저는 벌금을 납부하지 못해 결국 감옥으로 들어가는 악몽으로 밤이면 잠을 제대로 자지 못하고 있습니다.

○ 존경하는 우리 재판장님!

저는 이미 술을 먹고 음주운전 한 잘못을 깊이 뉘우치고 많은 것을 반성했습니다. 죽을죄를 졌습니다. 그러나 당장 제가 납부하야 하는 벌금이 저의 가정형편으로는 너무나 부담스러운 벌금입니다. 저의 가정형편을 불쌍하게 조금만 헤아려 주시고 음주운전벌금을 감액해 주시면 감사하겠습니다. 제가 정식재판을 청구한 것도 가정형편이 어렵고 어린 아이들과 노모님을 모시고 먹고 살아야 하기 때문에 너무 부담이 되는 음주운전벌금을 감액받기 위해서입니다.

○ 존경하는 재판장님!

저의 형편으로는 당장 그 많은 음주운전벌금을 내지 못하면 감옥에 들어가야 하는데 제가 감옥에 들어가면 우리 가족의 생계가 걱정이 되어 재판장님께 선처를 호소합니다. 어려운 우리 가정을 위해서 이참에 아예 술을 끊을 생각입니다. 죄송합니다. 죽을죄를 졌습니다. 다시는 음주운전 하지 않겠습니다.

○ 존경하고 사랑하는 재판장님!

부디 피고인에게 벌금을 감액해 주시면 고맙겠습니다. 이 은혜 평생 잊지 않고 제 가슴 속에 간직하고 있다가 꼭 보답하겠습니다. 한번 만 기회를 주시면 절대 음주운전 하지 않겠습니다. 안녕히 계십시오. 그럼 재판장님의 건강과 온 가족의 평강을 기원합니다.

2. 소명자료 및 첨부서류

1. 가족관계증명서   1부
2. 피고인에 대한 인감증명서   1부

○○○○ 년 ○○ 월 ○○ 일

위 피고인(반성문제출인) : ○ ○ ○   (인)

대구지방법원 형사 제○단독 귀중

⑹반성문 - 음주운전 약식명령 불복으로 정식재판청구 벌금액수가 너무나 과혹하
여 재판장에게 감액호소 반성문 최신서식

반 성 문

사 건 번 호 : ○○○○고정○○○○호 음주운전

피 고 인 : ○   ○   ○

대전지방법원 형사 제○단독 귀중

반 성 문

1.피의자

성 명	○ ○ ○	주민등록번호	생략
주 소	대전시 ○○로 ○○, ○○○-○○○호		
직 업	회사원	사무실 주 소	생략
전 화	(휴대폰) 010 - 2928 - 0000		
사건번호	○○○○행심○○○○호 음주운전		

  위 피고인은 대전지방법원 ○○○○고정○○○○호 정식재판청구사건에 대하여 재판장님께 아래와 같은 사유로 반성문을 제출하오니 선처해 주시기 바랍니다.

○ 존경하는 재판장님!

  저는 자신의 인생을 망칠뿐 아니라 타인의 인명과 재산에 피해를 줄 수 있는 음주운전을 하고 말았습니다. 정말 가족들에게 부끄럽고 창피한 짓을 하여 미안하게 생각합니다. 무엇보다도 재판장님께 죄송하고 죽을죄를 졌습니다. 는 오토바이를 운전하면서 도로변에 표시해 놓은 사고표시를 볼 때 마다 늘 조심해야겠다고 생각했는데 어리석게도 저 자신이 해서는 아니 되는 음주운전을 하여 부끄럽습니다. 위험하기 짝이 없는 음주운전이란 과오를 저지른 저는 어떠한 처벌이 내려져도 마땅히 달게 받는 것이 저 자신의 미래를 위해서도 유익하다 생각합니다.

○ 존경하고 사랑하는 재판장님!

음주운전은 지금 사고가 나지 않았어도 언젠가는 더 큰 사고가 일어날 수도 있는 것이기에 이번 사고를 계기로 충분히 잘못을 뉘우치는 것이 예방차원에서나 저 자신의 삶에 도움이 될 것이라 생각합니다. 정말 잘 못했습니다. 죽을죄를 졌습니다. 죄송합니다. 음주운전으로 면허가 취소 되어 더 뼈저리게 느끼지만 술을 마신 상태에서 운전을 하는 것은 매우 위험하다는 것을 느끼고 반성했습니다.

○ 존경하는 재판장님!

저는 괜찮을 것이라는 생각으로 음주운전을 했습니다. 지금 생각해도 술을 먹은 저는 돌출위기상황에 대응하는 능력이 현저히 떨어져 사고의 위험이 매우 높다는 사실도 깨닫고 반성했습니다. 사람이 길을 건너는 횡단보도 앞을 지날 때면 잠시도 경계를 늦추어선 안 되는 위험을 수반한 행위인데 판단력과 위기대응능력이 떨어지는 음주상태에서 운전을 했다는 것은 자살행위와 다름이 없는 행위라는 것을 음주운전으로 인하여 더욱 실감하고 뼈저리게 뉘우쳤습니다. 사고로 이어지지 않아 인명을 상하게 하거나 재산에 손해를 끼치지 않은 것만으로도 천만다행이라고 생각하고 많은 것을 깨달았습니다. 술을 먹은 저는 일반차선에 서있던 차량이 갑자기 횡단보도 쪽으로 튀어나와 이를 피하려다 오토바이를 운전하던 제가 도로변으로 넘어진 것은 음주운전을 하였기 때문에 중심을 잡지 못한 것이므로 변명이 될 수 없다는 것도 잘 알고 있습니다.

○ 존경하는 재판장님!

제가 생각해도 수입도 변변찮고 오토바이를 이용하여 포스터를 부착하는 일을 하는 제가 부양가족과 어린 아이들을 생각했더라면 술을 먹고 음주운전을 하지 않았을 텐데 잠깐 정신 나간 짓을 하고 말았습니다. 천벌을 받아 마땅한 합니다. 가정형편이 어려워 공부는 많이 못했고 부족함은 많았지만 생각과 삶이 다르지 않게 살려고 노력했습니다. 삶이 너무 고통스러워 이웃과 가족, 인간과 사회에 대해 끊임없이 고민했는데 사회와 부대낄수록 세상을 살아가는 개인 각자의 올바르게 살고 싶은 욕망이 개인적 생존본능을 능가한다는 것을 몸으로 느끼고 다시는 술을 먹고 음주운전은 하지 않겠다고 어린 아이들 앞에서 다짐하고 맹세했습니다.

○ 존경하는 재판장님!

저는 어릴 때부터 독립하여 사회생활을 하며 학비와 생계를 책임졌고 형님과 어머니의 사망, 연로하신 아버님의 치매로 병구완을 하며 많은 슬픔과 시련이 따랐지만 절대 낙담하지 않았고 두 분 부모님의 장례와 병원비 등도 저 혼자 해결하고 정말 어렵게 살아왔습니다. 사회의 배려와 도움으로 지금껏 살아올 수 있었지만 어렸을 때부터 누구에게도 의지하고픈 마음은 없이 열심히 살았습니다. 배운 것은 없지만 일하는 시간을 제외하고 몸으로 동네모임과 틈틈이 봉사활동을 하며 보람을 느꼈습니다. 비록 오토바이에 전단지를 싣고 한겨울에 전단지 부착작업을 갈 때면 가죽장갑에 벙어리장갑을 껴도 손가락이 얼어붙는 것 같이 추웠습니다. 그래도 오토바이가 멈추면 벙어리장갑 속은 따뜻한 느낌이 유지되어 위안으로 삼으며 열심히 일하지만 미천하고 보잘 것 없는 제 삶의 소리가 우리 가족에게 미친다고 생각하니 기분이 좋았습니다.

○ 존경하고 사랑하는 재판장님!

이러한 저에게 전세난으로 보증금을 올려줄 수 없는 형편에서 반지하방으로 이사한 후 음주운전으로 단속되는 날까지 짐도 풀지 못하고 살고 있습니다.

돈을 모으지 못하고 살다가 막상 이렇게 음주운전으로 단속되어 운전면허가 취소되고 보니 부끄럽고 경제적으로 감당이 되지 않아 죽을 지경입니다. 음주 상태에서 오토바이를 몰고 가다가 갑자기 나오는 차량을 피하다가 넘어졌지만 면허취소로 가족들의 생계가 끊기는 걱정에 앞이 깜깜하여 제 몸 상태에 대해서는 돌아볼 마음의 여유가 없습니다. 죄송합니다. 저의 가정형편은 일정치 않은 수입에 한 달 벌어 한 달 먹고 살다 보니 생활이 말이 아닌 것은 사실입니다. 제가 어린 아이들과 살고 있는 반지하방 천장에 누수가 있고 벽면 아래에 스민 물기로 곰팡이가 피어 거주환경도 열악한 상태에 있습니다.

○ 존경하는 재판장님!

수입이 없다 보니 가족들의 생계는 물론 저소득전세대출의 부채 상환이 어려운 형편에서 엎친데 덮쳐 음주운전벌금이 400만원이나 나왔습니다. 저의 가정형편으로는 400만원이나 되는 많은 금액의 벌금을 납부하는 것이 불가능하니 부디 어려운 상황을 고려하시어 그것도 낮에는 일하고 밤에는 잠을 자지 않아도 괜찮으니 밤새도록 사회에 봉사하는 일로 벌금으로 갈음할 수 있는 방법으로 열심히 일할 수 있도록 벌을 내려주시면 고맙겠습니다. 돈이 많은 분들에게는 400만원이 많은 돈은 아닐지 몰라도 저에게는 가족들의 생계가 달려 있는 엄청난 금액이라 감당할 수 없는 큰돈입니다. 저는 돈이 없어서 결혼식은 꿈도 꾸지 못했습니다.

○ 존경하고 사랑하는 재판장님!

저는 아직까지 돈이 없어서 집사람과 결혼식도 올리지 못하고 아이들을 대리고 반지하방에서 정말 어렵게 살고 있습니다. 제가 이 시련을 극복하고 한 가정의 가장으로서 거듭날 수 있도록 기회를 주시면 고맙겠습니다. 부디 저의 딱한 처지를 불쌍하게 여기시고 선처를 베풀어 주셨으면 하는 마음 간절합니다. 한번만 저에게 기회를 주시면 이 은혜 잊지 않고 가슴속에 간직하고 있다가 꼭 보답하는 가장이 되도록 하겠습니다. 대단히 감사합니다. 재판장님의 건강과 온가족의 평강을 기원합니다.

2. 소명자료 및 첨부서류

    1. 반지하방 전세계약서   1통

    2. 전세자금대출금내역서   1부

    3. 가족관계증명서   1통

    4. 피고인의 인감증명서

○○○○ 년 ○○ 월 ○○ 일

위 피고인(반성문제출인) : ○ ○ ○   (인)

대전지방법원 형사 제○단독 귀중

(7)반성문 – 음주운전으로 면허 취소되어 행정심판청구 다시는 술먹고 운전하지 않겠다며 면허취소만 면하게 해달라는 반성문

반 성 문

사 건 번 호 : ○○○○행심○○○○호 음주운전

청 구 인 : ○   ○   ○

중앙행정심판위원회 귀중

반 성 문

1. 반성문제출인(청구인)

성 명	○ ○ ○	주민등록번호	생략
주 소	충청남도 서산시 ○○로 ○○, ○○-○○○호		
전화번호	010 - 0987 - 0000		

위 청구인은 중앙행점심판위원에서 심판 중인 ○○○○행심○○○○호 자동차운전면허취소처분 취소심판 청구사건에 대하여 아래와 같은 사유로 반성문을 제출하오니 선처해 주시기 바랍니다.

○ 존경하는 심판위원님!

이 세상에 완벽한 사람은 아무도 없습니다. 아무리 교양이 있고 인품이 있고 학식과 경험이 풍부하며 주도면밀한 사람이라고 할지라도 그 사람에게도 여전히 부족한 점이 있는 것입니다. 그 이유는 사람은 연약한 사람이기 때문입니다. 그러나 사람의 위대한 점은 자신의 부족한 것을 반성하고 조금씩 고쳐나갈 수 있다는 점입니다.

○ 사랑하고 존경하는 심판위원님!

비록 저는 술을 먹고 하지 말아야 하는 음주운전을 하여 사고는 없었지만 저의 허물을 스스로 돌이켜 살펴보고 많은 것을 반성했습니다. 술을 먹고 운전하였다는 사실에 대해 뼈저리게 뉘우치고 반성하는 저에게 앞으로 반드시 행복이 찾아온다고 믿고 있습니다. 그러나 반성할 줄 모르는 사람에게는 행복이 찾아오지 않는다고 생각합니다. 저는 지금까지 운전을 하면서 전진 하려고만 했습니다. 그러나 빨리 가는 것도 중요하지만 더 중요한 것은 올바른 길을 가는 것이고 술을 먹고 운전을 한다면 그 사람에게는 상황이 더 악화될 뿐이라는 것을 알고 느꼈습니다.

○ 사랑하고 존경하는 심판위원님!

저는 술을 먹고 음주운전을 하였다는 자체에 대해 다시 한 번 뉘우치고 반성하고 있습니다. 인생의 길을 가면서 때로는 현재 내가 올바른 길을 가고 있는지 돌아보아야 하는데 저는 저 자신을 돌아보지 못했습니다. 앞으로는 무슨 일이 있어도 술을 먹고 운전대를 잡는 일 없도록 하겠습니다. 반성합니다. 지금까지 단속에 걸리지 않았을 뿐이지 무심코 술을 먹고 거리가 멀지 않아 괜찮겠지 하는 생각으로 가끔씩 음주운전을 하였던 잘못을 뉘우치고 반성합니다. 저는 이번 일로 저 자신을 잠시나마 되돌아보면 너무도 엉망이라는 사실에 충격적이라 반성합니다.

○ 존경하는 심판위원님!

저는 지금까지 망가진 기계가 되어 제대로 작동이 되지 않을 때 고장이 났기 때문에 마음의 기계는 제대로 돌아가지 않았으며 이상한 소리를 내고 아무런 유익을 주지 못한 채 술을 먹고 운전을 한 잘못을 저질렀습니다. 이것을 고치지 못한 채 정신적으로 고장이 나 있다는 것도 모르고 제대로 돌아가지 않았던 것입니다. 이러한 상황에서 망가진 상태로 술을 먹고 운전을 하는 바람에 식구들에게 많은 사람들에게 피해를 끼치고 아무런 유익을 주지 못한 가장이 되고 말았습니다. 그래서 늦었지만 고장 난 삶을 정상적인 삶으로 고치기로 반성했습니다.

○ 사랑하는 심판위원님

저는 술을 먹고 음주운전을 했다는 자체에 회개하고 잘못을 뉘우치고 고치고 반성했습니다. 회개의 참된 의미는 단순히 고치는 것에 있지 않고, '지속성'에 있다고 생각합니다. 많은 사람들이 한 때 뉘우치고 한 때 고치기도 합니다만 그러나 그것을 지속적으로 하는 사람은 그리 많지 않습니다. 어느새 자기도 모르게 다시 옛날 습관과 옛날의 모습으로 돌아가 버리곤 하지만 저는 심판위원님과 우리 사랑하는 가족과 어린아이들 앞에서 맹세하겠습니다. 다시는 술을 먹고 음주운전을 하지 않겠다고 맹세하고 반성합니다.

○ 존경하는 심판위원님!

저는 지금까지 20여년이 넘도록 운전을 해왔지만 단 한번 도 교통법규를 위반한 사실이 없었고, 음주운전으로 적발이 된 것도 이번이 처음입니다. 제가 부양해야 할 가족은 저로 인하여 생계가 위태롭습니다. 날로 늘어나는 부채도 제가 받는 봉급으로는 감당하기 조차 힘든 형편입니다. 8순노모를 모시고 어린아이들 공부 가르치는 것도 이제는 막막하기만 합니다.

○ 사랑하는 심판위원님!

저의 애틋한 사정을 불쌍하게 여기시고 감안하시어 한번 만 관용을 베풀어 주시면 앞으로는 절대 술을 먹고 음주운전 하는 일 없도록 하겠습니다. 저에게 한번 만 기회를 주십시오. 한번만 기회를 주시면 이참에 아예 우리 사랑하는 가족을 위해 술을 끊겠습니다.

○ 사랑하고 존경하는 심판위원님!

다시는 술을 먹고 운전하는 일이 없도록 하겠습니다. 사랑하는 가족들과 심판위원님 앞에서 맹세하겠습니다. 한번 만 용서해 주십시오. 대단히 감사합니다. 안녕히 계십시오. 항상 건강하시고 온 가족 모두 평강하시길 기원합니다.

2. 소명자료 및 첨부서류

   1. 가족관계증명서   1부

   2. 청구인에 대한 인감증명서   1부

○○○○ 년 ○○ 월 ○○ 일

위 청구인 : ○ ○ ○   (인)

중앙행정심판위원회귀중

(8)반성문 – 음주운전 면허취소 행정심판청구 피치 못할 사정으로 지방행정심판위원에게 면허취소 구제호소 반성문 최신서식

반　성　문

사 건 번 호 : ○○○○행심○○○○호　음주운전

청 구 인 : ○　　　○　　　○

경상남도행정심판위원회 귀중

반 성 문

1. 청구인

성 명	○ ○ ○	주민등록번호	생략
주 소	경남 사천시 ○○로 ○○, ○○○-○○○호		
직 업	회사원	사무실 주소	생략
전 화	(휴대폰) 010 - 2345 - 0000		
사건번호	○○○○행심○○○○호 음주운전		

　위 청구인은 ○○○○. ○○. ○○. 18:40경 삼천포 어시장 입구에서 음주운전으로 운전면허가 취소되어 경상남도행정심판위원회에 제기한 ○○○○행심○○○○호 운전면허취소처분 취소 심판청구사건에 대하여 아래와 같은 사유로 반성문을 제출하오니 깊이 통찰하시어 선처해 주시기 바랍니다.

○ 존경하는 심판위원님!

　저는 삼천포에서 고기 잡아 파는 어부입니다. 단속되던 날 새벽에 고기를 잡기 위해 바다로 나갔다가 갑자기 눈이 많이 내리는 바람에 앞이 보이지 않고 날씨도 몹시 추워 고기를 잡지 못하고 배를 몰고 집으로 돌아가기 위해 부두가에 배를 정박하고 동네 골목길을 들어서는데 그곳에서 자그마한 소동이 벌어지고 있었습니다. 동네 아낙들과 아이들, 사람들이 삼삼오오 몰려들고 있었는데 소동의 진상은 다름이 아니라 7살 짜리 꼬마가 얼굴에 피를 흘리고 그 옆에 할머니 한 분이 당황한 얼굴로 아이를 끌어안고 살려 달라고 소리를 지르고 있었습니다. 저는 그 당시 상황에서 새벽부터 고기잡이 나갔다가 추위를 이기기 위해 술을 먹었다는 사실 자체를 망각하고 무슨 일인지 모르고 어린아이를 병원으로 데리고 가야겠다는 생각만 하고 어린아이를 재빠르게 등에 업고 아래로 내려와 골목길에 세워둔 저의 차량에 태우고 병원으로 가던 중 단속경찰관에 의하여 음주운전으로 적발되어 운전면허가 취소되었습니다.

○ 존경하는 심판위원님!

이유야 어찌되었건 술을 먹고 운전을 하였다는 자체에 대해서는 할 말이 없습니다. 당시 위급한 상황이 아니었다면 운전을 하지 않았을 것입니다. 어린 아이에게 피가 나고 할머니는 아이를 끌어안고 살려 달라고 소리를 지르고 있는데 어떻게 그냥 보고만 있겠습니까. 순간 저는 아이를 살려야겠다는 생각만 했지 고기잡이 나갔다가 술을 먹었다는 생각은 하지 못한 상태에서 그만 음주상태에서 운전을 하게 된 것입니다. 지금도 흥분한 할머니의 목소리와 어린아이 몸에서 흘리는 피가 눈에 선합니다. 선행을 베풀다 일어난 저에게 운전면허를 취소한다는 것은 정말 너무나 가혹하지 않을 수 없습니다.

○ 존경하는 심판위원님!

저는 피를 흘리는 어린아이를 태우고 병원으로 달리고 있는데 저 멀리서 음주운전을 단속하는 모습을 보고 순간 아차하고 제가 술을 먹었다는 생각을 하게 되었고 식은땀이 등짝을 타고 내렸습니다. 저는 지금까지 30여년이 넘도록 운전을 하였지만 단 한 번도 교통법규를 위반한 사실도 없이 철저히 안전운전을 해왔고 음주운전으로 적발된 것도 이번이 처음이고 지역에서 크고 작은 표창을 받는 등 선행에 앞장서온 저에게 위와 같은 긴급 상황에서 어린 생명을 구하기 위해 어쩔 수 없이 음주운전을 하게 된 실수를 이유로 운전면허를 취소한다는 피청구인의 처분은 재량권을 일탈한 것이므로 취소되어야 할 것입니다.

○ 존경하옵는 우리 심판위원님!

제가 잘했다는 것은 아닙니다. 이유 불문하고 술을 먹고 운전을 하였다는 것은 지탄받아 마땅하고 이에 대한 합당한 처벌을 받아야 하는 것에 대해서는 이견이 없습니다. 그렇지만 당시 상황에서 저와 같은 선행자가 면허취소라는 불이익을 감수하고 어린이의 생명을 구하다가 일어난 것이기 때문에 저에게 정상을 참작하시어 선처를 해 주시기 바랍니다.

○ 존경하는 우리 심판위원님!

제가 태어난 곳은 경상도 남쪽 조그만 어항으로서 인구가 5만 남짓의 한없이 평화로운 곳으로 현재는 명칭이 변경되었으나 아직도 삼천포항 앞 바다에서 저는 사시사철을 이곳을 찾는 사람들에게 먹거리를 공급하는 대가로 생활비를 벌어 우리 집 5가족이 생계를 이어가고 있는 생명줄입니다. 그래서 저는 이곳을 바다라 칭하지 않고 정감이 깃든 공원이라고 부르고 저는 고기 잡는 것을 공원에 놀러 간다고 하고 저는 어부가 하늘에서 저에게 주신 선물이라고 생각하고 있습니다. 저는 바다에서 생선과 굴과 멍게, 해삼으로 진 하루를 보내다가 잡은 고기를 차량에 싣고 어촌시장에 팔아야 하기 때문에 운전은 필수입니다. 또한 저에게나 저의 온 가족에게는 운전이 생명줄과도 같아서 존경하는 심판위원님께서 판단하시는 결과에 따라 우리 가족의 생사가 달려있습니다.

○ 존경하는 심판위원님!

부디 저에 대한 사정을 참작하시어 선처를 베풀어 주시면 이 은혜 평생 잊지 않고 가슴속에 간직하고 있다가 꼭 보답하고 다시는 술을 먹고 운전대를 잡는 일 없도록 다짐하며 사랑하는 가족과 행복하게 살겠습니다. 대단히 감사합니다. 늘 건강하시고 온 가족모두 평강하시길 빌겠습니다.

○○○○ 년 ○○ 월 ○○ 일

위 청구인(반성문제출인) : ○ ○ ○   (인)

경상남도행정심판위원회 귀중

(9)반성문 - 음주운전으로 검찰청에서 수사 중인 사건에 피의자가 어려운 형편을
내세워 검사에게 선처호소 반성문 최신서식

반   성   문

사 건 번 호 : ○○○○년 형제○○○○호 음주운전

반성문(제출인) : ○   ○   ○

수원지방검찰청 검사 ○○○ 귀중

반 성 문

1.피의자

성 명	○ ○ ○	주민등록번호	생략
주 소	수원시 ○○구 ○○로 ○○, ○○○-○○○호		
직 업	회사원	사무실 주 소	생략
전 화	(휴대폰) 010 - 5511 - 0000		
사건번호	○○○○행심○○○○호 음주운전		

　위 반성문제출인은 ○○○○. ○○. ○○. 20:40경 수원시 ○○은행 앞에서 음주운전으로 운전면허가 취소되어 수원지방검찰청 ○○○검사실에서 수사 중인 사건에 대하여 아래와 같은 사유로 반성문을 제출하오니 깊이 통찰하시어 선처해 주시기 바랍니다.

○ 존경하옵는 검사님!

　저는 고향에서 몇 년 전에 부동산사업에 손을 대었다가 수십 억대의 부도를 내고 영어의 몸이 된 친구를 면회를 갔었으나 그는 이미 옛날의 정리를 잊어버린 사람이었습니다. 저에게 하는 말이 다시 나가서 재기하겠다며 이를 갈며 기다리고 있었습니다. 그러나 다시 출감한 그는 저에게 전화를 걸어 저에게 진 빚을 갚을 생각은 안하고 다단계 회원을 권

유하다가 제가 서운하게 대하고 포기를 종용하자 이후로 연락이 되질 않았습니다. 사실 그 친구에게 다른 사람들은 고소를 함께 했는데 저는 여기저기서 많은 돈을 끌어 들여 그 친구에게 몽땅 빌려주고 투자했었던 것인데 친구가 이렇게 구속되어 장기간동안 갚지 못하던 바람에 저는 이 여파로 인해 집은 집대로 저의 전 재산이 다른 사람에게 넘어가고 정말 어렵게 살고 있습니다. 그 후 저는 친구 때문에 많은 돈을 손해 보고 반 지하에서 아이들 학비도 제대로 주지 못하는 형편에서 그 친구가 사는 지역에 갈 일이 있어 돈을 받기 위해 연락을 한 것이 아니라 그래도 반가운 마음으로 연락을 했는데 그 친구는 너무나 사무적이고 회피하는 것이 역력히 느껴졌습니다. 저는 그에게 특별히 실수를 한 것도 없고 그 친구로 인하여 돈을 빌려 주었다가 엄청난 손해를 입고 힘이 들었는데 아마도 소문으로 나에 대한 인식이 나빠졌든지 아니면 바쁜 환경이 그와 저에게 옛정을 옅어지게 했나보다 하고 기분이 나쁘고 서운했지만 그냥 넘겼습니다.

○ 존경하옵는 검사님!

저의 그 친구에 대한 감정과 그 친구로 인하여 제가 겪고 있는 지금의 처지와 마음은 아무도 모릅니다. 이로 인하여 돈 잃고 사람들은 다 떠나 버렸고, 저에게는 껍데기만 남은 상태에서 사랑하는 아내와 자식들을 생각해서 살아야겠다는 의지력으로 안 해본 것 없이 다 해보고 살다보니 저도 모르는 사이 저는 연약성은 좌절을 견디지 못했고 기다리거나 참지 못했으며, 무엇이든지 즉각적인 만족만 원하는 인간으로 변해 버린 것 같습니다.

○ 존경하는 검사님!

이렇게 변한 저는 운전을 하다가도 신경질을 잘 내고 화를 참지 못해서 싸우는 경우도 자주 생겨나고 비단 운전 뿐 아니라 일상의 생활이 다 그런 편이었습니다. 성격의 이중성과 다중성이 보여서 마음이 원한과 분

노로 가득했고, 웃다가도 갑자기 화를 잘 내는 인간이 되었다는 것을 느꼈습니다. 현실을 받아들이는 능력이 약해져 일상적인 불편함 견디는데 약하다 보니 어려운 현실을 어떠한 수단을 동원해서라도 회피하며 괴롭고 불쾌한 일들을 계속 뒤로 미룸으로서 상황을 더 어렵게 만들기 때문에 두려움이 많아 겉으로 보기에는 강하고 빈틈이 없는 것 같지만 내면에는 설명하기 어려운 공포와 두려움을 늘 마음속에 가지고 있었습니다. 그래서 저의 성격은 지나치게 사람들을 멀리하고 편협 적으로 대하며 믿지를 못해 평소 잘 먹지 못하던 술을 즐겨 먹기 시작하여 이제는 병원에 입원해 치료를 받아야 할 정도로 발전된 것 같습니다.

○ 존경하옵는 검사님!

저는 이러한 자기의 감정을 억제하지 못하고 술에 의존하는 나쁜 것이 가슴속에 자리를 잡고 있었기 때문에 음주운전으로 적발되는 날에도 술을 먹고 운전을 하지 말아야 하는데 저 스스로를 비관하다가 손해를 끼친 그 친구에게 서운하고 괘씸한 마음이 생겨 화를 이기지 못하고 해서는 아니 되는 음주운전을 하게 되었습니다.

○ 존경하옵는 검사님!

저는 트럭에 가정에서 필요한 철물제품을 싣고 오지마을을 다니면서 파는 이익금으로 가족 4명의 생계를 책임지고 있는 가장입니다. 경기가 어려워 마땅히 할 것도 없었고 배운 것도 없어서 비록 차량을 이용하여 장사를 하면서 가족들의 생계를 유지하고 있기 때문에 저에게 있어서 운전은 없어서는 아니 될 필수 불가결한 소중한 자산입니다. 하물며 저에게 고등학교 2학년인 차녀가 있는데 학교에서 늦은 시간 귀가를 위해 트럭에 태우고 집으로 오는 유일한 교통수단인데 제가 운전을 하지 못하면 부양가족의 생계는 물론이고 장애요인이 될 것은 분명합니다.

○ 존경하는 우리 검사님!

저는 ○○○○. ○○. ○○. 1종 보통운전면허를 취득한 이래 이 건 음주운전으로 적발된 것이 처음이며, 단순 접촉사고 한번 뿐이고 거의 25년간 차량운전자가 준수해야 할 안전운전의무를 잘 지켜왔다고 해도 과언은 아닙니다. 위와 같은 사유로 저의 운전면허가 취소된다면 생계유지부터 당장 곤란을 받게 될 뿐만 아니라 가장으로서 책임져야 할 최소한의 의무를 다하지 못하는 딱한 처지에 놓이게 되어 저에게 한 번의 실수로 인하여 운전면허를 취소한 다는 것은 너무나 가혹한 처분이라 아니할 수 없습니다.

○ 존경하옵는 검사님!

이유야 어찌 되었든 술을 먹고 음주운전을 하였다는 것 자체에 대해 변명의 여지가 없고 대단히 잘못된 것으로 누구보다 더 절실히 뼈저리게 뉘우치고 깊이 반성하고 있습니다. 저의 한 순간 잘못된 실수로 인하여 우리 가정의 행복과 막중한 생계는 존경하옵는 검사님의 처분에 달려 있기 때문에 정말 질박한 심성에서 노심초사하고 있습니다. 친구에게 많은 돈을 빌려주고 받지 못해 처참하게 망가진 가정을 지키고 먹고살기 위해 시작한 장사를 한 번의 실수로 인하여 운전면허가 취소된다면 저의 가족에게 너무나 가혹한 처분이오니 부디 선처를 해 주셨으면 하는 마음 간절하여 간청 드립니다.

○ 존경하옵는 검사님!

여하튼 간에 이유를 불문하고 제가 술을 먹고 음주운전을 하였다는 자체는 처벌 받아야 마땅합니다. 그러나 이건 결과에 따라 성장기에 있는 자녀들의 운명이 결려있는데 순간을 방심했던 저는 지금도 뼈저리게 뉘우치고 후회하며 깊이 반성하고 있습니다. 이상에서 본 바와 같이 저에 대한 음주경위, 생계범위, 운전면허의 절대적 필요성, 정상관계를 살펴보시면 제가 이건으로 인해 면허가 취소되어 제가 입게 될 불이익은 일반 사회 통념상 너무 가혹한 처분이라 하지 않을 수 없습니다. 존경하는 검사님께서 제가 납부하여야 할 벌금을 법이 허용하는 범위 내에서 감액해 주시고 가정형편이 매우 곤란한 저의 사정을 고려하시어 분할하여 납부할 수 있도록 선처해 주시면 존경하옵는 검사님의 은혜 영원히 잊지 않고 간직하고 있다가 꼭 보답하고 열심히 행복하게 잘 살겠습니다.

○○○○ 년 ○○ 월 ○○ 일

위 반성문제출인 : ○○○   (인)

수원지방검찰청 검사 ○○○ 귀중

(10)반성문 - 음주운전 면허취소 초범 행정심판청구 행정심판위원에게 생계형으로 면허취소만 면하게 선처호소 반성문

반 성 문

사 건 번 호 : ○○○○행심○○○○호 음주운전

청 구 인 : ○   ○   ○

중앙행정심판위원회 귀중

반　성　문

1. 청구인

성　명	○ ○ ○	주민등록번호	생략
주　소	속초시 ○○로 ○○, ○○○-○○○호		
직　업	회사원	사무실 주　소	생략
전　화	(휴대폰) 010 - 4451 - 0000		
사건번호	○○○○행심○○○○호 음주운전		

　위 청구인은 ○○○○행심○○○○호 운전면허취소처분 취소 행정심판청구 사건에 대하여 아래와 같이 반성문을 제출하오니 행정심판위원님께서 깊이 통찰하시고 선처하여 주시기 바랍니다.

○ 존경하는 행정심판위원님!

　청구인은 ○○○○. ○○. ○○. 20:38경 강원도 속초시 ○○로 ○○농협 앞에서 음주운전 단속을 하던 경찰관의 음주측정에 의거 혈중알코올 농도 0.109%가 나왔다는 이유로 운전면허 취소처분을 받았습니다. 저는 속초에서 일평생을 어부로 살아오신 부 ○○○, 모 ○○○의 장남으로 출생하여 속초에서 고등학교를 마치고 강원도 춘천에 있는 국립대학 경제학과를 졸업한 후 군복무를 마치고 얼마 전에 서울에 있는 00텔레콤에 입사하여 근무하고 있으나 주민등록은 그대로 시골인 속초 아버님 주소지에 있는 관계로 부모님께 인사드리고 짐을 가져가기 위해 일요일을 틈타 이곳 속초에 내려왔습니다.

○ 존경하는 행정심판위원님!

최근 저희 어머님께서 갑자기 중풍이라는 노환으로 반신불구가 된 어머님을 한평생 고기잡이를 하시던 아버님이 속초에 있는 병원으로 모셔놓고 휠체어에 태우시거나 부축하여 이 추운날씨에도 병원공원을 다니시면서 바람을 씌어주려는 아버님의 정성을 바라본 아들인 저는 눈물밖에 나오지 않았습니다. 병원부터 어머님을 뵙기 위해 먼저 찾아간 저는 병상에 누운 채 몸도 못 가누시는 어머님의 입안을 아버님께서 정성스럽게 닦아주시는 모습을 보고 자식인 제가 아버님을 대신해 과연 어머님의 입안을 닦아드릴 수 있을까 생각하니 아무런 생각도 못하고 그 자리에서 저는 아버님을 뒤로한 채 한 없이 울기만 했습니다. 장남으로 태어나 효도는 고사하고 능력이 없어서 병상에 누워 계시는 어머님을 간호도 못해드리는 한심한 자식이 되어버린 저 자신이 그렇게도 밑고 아버님 보기에 죄송해서 그만 저도 모르는 사이에 어렵게 취직시험을 통해 당당히 합격하여 취업된 직장을 그만두고 이곳으로 내려와 어머님을 병간호하는 것이 옳다는 생각도 해보고 이런 생각 저런 생각 하다가 잘 마시지도 못하는 술을 마셨습니다.

○ 존경하는 심판위원님!

이렇게 술을 마신 저는 저 자신이 부끄럽고 아버님이 손수 어머님을 정성스럽게 간호하시는 모습을 보니 죄책감 때문에 다시 병실로 올라가 어머님의 간호를 하고 장시간을 보냈는데 아버님께서 여기는 내가 있어도 충분하니 어서 짐을 챙겨 서울로 올라가라고 계속 말씀을 하셔서 저로서도 이정도의 시간도 지났기 때문에 운전을 해도 별 문제가 없을 것으로 생각하고 운전을 하고 집이 있는 ○○로로 주행하던 중, 약 400미터 전방에서 음주운전을 단속하던 경찰관에 의하여 적발되어 면허가 취소되었습니다. 병상에 누워 계시는 어머님도 어머님을 간호하고 계시는 아버님도 제가 음주운전으로 면허가 취소되었다는 사실도 모르고 계십니다. 이제 막 취업이 되어 사회에 발을 내딛으면서 나온 풋내기인 저에게 한번 실수로 인하여 운전면허가 취소된 다는 것은 그 상처는 매우 큽니다.

○ 존경하는 행정심판위원님!

저는 면허를 취득한 것이 얼마 되지는 않았지만, 지금까지 교통법규를 철저히 준수하여 위반한 사실이 전혀 없으며 음주운전으로 적발된 것은 이번이 처음입니다. 무엇보다도 저에게 기대가 크신 연로하신 부모님께서 이 사실을 아시고 충격을 받아 병환이 더 악화는 되지 않을까 노심초사하고 있습니다. 제가 잘못한 것 때문에 병환으로 사경을 헤매고 계시는 노모님께서 아시고 더 큰 문제가 생기면 어떻게 할까 하는 걱정 때문에 밤이면 잠을 이루지 못하고 불면증에 시달리고 있습니다.

○ 존경하는 행정심판위원님!

저는 회사에서 인정도 받기 시작하고 자리도 잡게 되어 평생직이란 생각을 갖고 열심히 일하고 있습니다. 하지만 저의 한순간의 실수로 직장까지 잃게 될 위험에까지 처하게 되었습니다. 제가 면허를 잃게 되면 집안의 생활뿐만 아니라 제가 그동안 쌓아온 일을 하루아침에 날려버리는 꼴이 되고 맙니다. 그래서 부끄럽지만 선처를 바랄뿐입니다. 지금까지 사고한번 경찰서 한번을 안 가본 저는 처음으로 경찰서라는 문을 들어서게 되었으며 한순간의 실수가 많은 것을 잃게 된다는 것도 알게 되어 뼈저리게 뉘우치고 있습니다.

○ 존경하는 행정심판위원님!

제가 잘못 생각하고 해서는 아니 되는 음주운전을 한 잘못은 인정합니다. 부디 면허취소만은 면할 수 있도록 선처를 베풀어 주시어 제가 직장을 잃게 되는 일은 없기를 바랄뿐입니다. 뼈저린 후회를 하고 있습니다. 한번 만 기회를 주시면 다시는 이런 실수를 하지 않을 것을 약속드립니다. 부디 선처를 간청 드립니다.

○○○○ 년 ○○ 월 ○○ 일

위 청구인 : ○ ○ ○   (인)

중앙행정심판위원회 귀중

(11)반성문 - 배임 등 사건 판결선고 앞두고 있는 피고인이 재판장님께 선처
를 간곡히 호소하는 반성문

반 성 문

사 건 번 호 : ○○○○고단○○○○호 업무상 배임 등

피 고 인 : ○ ○ ○

수원지방법원 형사5단독 귀중

반 성 문

1.피고인

성 명	○ ○ ○	주민등록번호	생략
주 소	수원시 장안구 ○○로 5길 ○○, ○○○-○○○호		
직 업	개인사업	사무실주소	수원시 ○○구 ○○로 ○○○
전 화	(휴대폰) 010 - 9870 - 0000		
사건번호	수원지방법원 ○○○○고단○○○○호 배임 등		

　　상기 피고인은 수원지방법원 ○○○○고단○○○○호 배임 등 피고사건에 대하여 아래와 같은 사유로 재판장님께 반성문을 제출하오니 선처해 주시기 바랍니다.

　○ 존경하는 재판장님!

　　피고인은 무엇보다도 책임을 다하지 못하고 난생처음으로 법정에 서게 되면서 참으로 부끄럽고 참담한 심정으로 재판장님께 반성문을 올립니다. 부끄럽고 미안한 마음으로 법정에 들어서는데 저 자신만 바라보고 힘든 일을 마다하지 않은 우리 가족들과 직장동료 분들의 얼굴을 차마 바라볼 수 없었습니다. 걱정 어린 눈빛이 스쳐지나 갈 때마다 저는 뼈를 깎는 아픔을 느끼고 정말 많은 것을 뉘우치고 반성했습니다. 회사 돈을 개인적으로 사용하기 위해 비자금을 조성하고 사용한 점 잘못을 깊이 뉘우치고 많은 것을 깨달았습니다. 진심으로 사죄드립니다.

○ 자비로우신 재판장님!

몇 번이고 머리 숙여 죄송하다는 말씀을 드려도 모자랄 것 같습니다. 법적인 책임도 회사의 대표로서 모든 것을 달게 받겠습니다. 제 남은여생에 결코 지워지지 않을 교훈으로 삼겠습니다. 회사를 위해서 더욱더 열심히 일하겠습니다. 저의 본뜻과 달리 피고인의 말이 다르게 표현되었다면 다시 한 번 머리 숙여 반성하고 또 반성하겠습니다. 또한 회사의 가족들이 피고인으로 인하여 마음의 상처를 입지 않았을까 하는 짧은 생각으로 혹시 존경하는 재판장님께 심려를 끼쳐드리지나 않았는지 모르겠습니다.

○ 은혜로우신 우리 재판장님!

정말 죄송합니다. 사죄드립니다. 잘못했습니다. 많은 분들에게 죽을죄를 졌습니다. 몸과 마음이 극도로 지쳐있는 상태에서 법정에 서려다 보니 피고인의 뜻이 잘못 표출된 부분도 있을지 모르겠습니다. 다 저의 부덕의 소치입니다. 죄송합니다.

○ 자비로우신 재판장님!

피고인은 과거 회사의 부외자금이 조성 사용된 사실에 대해 총괄적으로 책임을 통감하며 반성하고 있습니다. 자금을 조성할 필요가 있다는 보고를 받았을 때 알아서 하라고 하였으나 이 모든 것은 회사의 대표인 피고인이 책임져야 할 것으로 이점 깊이 뉘우치고 반성하고 있습니다. 이런 돈 중 일부가 본의 아니게 제 개인적으로 사용된 부분도 있다는 점에 대해서는 더더욱 부끄럽게 생각하고 향후 이러한 일이 다시는 없도록 모든 노력을 기울이겠습니다.

○ 존경하는 재판장님!

우리 회사가 글로벌 위상을 더욱 높이려고 심혈을 기울여왔던 피고인의 입장에서는 한없는 안타까움만 느낄 뿐입니다. 저와 우리 회사의 가족이 한마음이 되어 피땀으로 일군 성과를 같이누릴 수 없는 저 자신이 한스럽게 여겨졌습니다. 지금 이 시간까지 회한과 반성으로 잠을 이룰 수 없습니다. 진정 물의를 일으켜 정말 죄송합니다. 비자금을 조성하고 사용한 점 깊이 반성하고 그 책임을 달게 받겠습니다. 이러한 저의 본심을 저를 사랑해 주시는 우리 회사의 가족 여러분과 존경하는 재판장님께서 헤아려주셨으면 합니다.

○ 존경하는 우리 재판장님!

부디 선처를 베풀어 주시면 앞으로는 이런 일 절대 없도록 하겠습니다. 한번 만 저에게 기회를 주시면 다시는 이러한 일로 법정에 서는 일 없도록 하겠습니다. 죄송합니다. 정말 죄송합니다.

2.소명자료 및 첨부서류

　　(1) 피고인의 가족관계증명서　　　　　　　　　　　　　　1부

　　(2) 피고인의 인감증명서　　　　　　　　　　　　　　　　1부

○○○○ 년 ○○ 월 ○○ 일

위 피고인 : ○○○ (인)

수원지방법원 형사5단독 귀중

(12)반성문 - 성폭범 카메라 등 이용 촬영 피의자가 검사님께 간곡히 선처를
　　　호소하는 반성문 최신서식

반　　성　　문

사 건 번 호 : ○○○○형제○○○○호 카메라 등 이용 촬영
죄

피 의 자 : ○　　　○　　　○

안양지청 ○○○검사님 귀중

반 성 문

1. 피의자

성 명	○ ○ ○	주민등록번호	생략
주 소	안양시 ○○구 ○○로 ○○, ○○○-○○○호		
직 업	회사원	사무실 주 소	생략
전 화	(휴대폰) 010 - 1245 - 0000		
사건번호	안양지청 ○○○○형제○○○○호 성폭력범죄의 처벌등에관한특례법위반(카메라이용촬영죄)죄		

　　상기 피의자는 수원지방검찰청 안양지청 ○○○○형제○○○○호 성폭력범
죄의처벌등에관한특례법위반(카메라 이용 촬영죄)죄 피의사건에 대하여 아래
와 같은 사유로 담당 검사님께 반성문을 제출하오니 부디 선처해 주시기 바
랍니다.

○ 존경하는 검사님께 호소합니다.

　　먼저 검사님께 용서를 빌고 피해자께 용서를 빌겠습니다. 죄송합니다.
저는 ○○○○. ○○. ○○. ○○:○○경 친구들과 어울려 술을 평소보다
많이 마신 상태에서 경기도 군포시 금정역 개찰구 앞 계단에서 짧은 치
마를 입고 내려오는 피해여성의 허벅지 등 하체를 휴대폰으로 촬영하였

습니다. 위 사실을 경찰에게 현장에서 적발되어 현행범으로 체포되었고, 조사를 받았습니다. 모든 혐의가 인정되었기 때문에 경찰에서는 기소의 견 송치하였습니다. 제가 한 짓이 이해가 가지 않아 인터넷에서 찾아보고 성폭력범죄의처벌등에관한특례법위반(카메라이용촬영죄)죄에 해당하는 관계로 징역 5년 이하 또는 벌금 1천만원이하이 형사 처벌은 물론이고 성범죄자 신상등록 및 신상정보공개고지명령도 부과될 수도 있는 안타까운 상황을 알게 되었습니다. 눈앞이 캄캄하고 심장이 멎는 것 같았습니다. 아무것도 보이지 않았습니다. 어찌할 줄 몰라 이렇게 염치불구하고 검사님께 용서를 빌기 위해 반성문을 제출하게 되어 정말 죄송합니다.

○ 자비로우신 우리 검사님!

저는 1년 전 군에서 제대를 하고 취업을 하기 위해 수 백 군데가 넘는 곳에 입사시험을 보았으나 번번이 떨어지고 오랜 취업준비활동 끝에 최근 어렵게 취업에 성공하여 성실히 직장을 하던 중에 이런 일이 발생되어 어렵게 취업한 직장마저 잃지 않을까 하는 너무도 불안한 상태로 밤에 잠도 제대로 이루지 못하고 뜬눈으로 지새우고 있습니다. 정말 죄송하고 죽을죄를 졌습니다. 술에 취해 순간적으로 일어난 행동으로 뼈저리게 누이치고 있습니다. 지금생각해도 제가 왜 이런 짓을 했는지 이해가 안 갑니다. 필시 술을 많이 마시지도 못하지만 술을 잘못 배운 것 같습니다. 져는 술 때문이라는 그 원인을 찾고 경찰서에서 조사를 받고 나오는 날부터 당장 술을 끊었습니다. 다시는 이러한 행동을 하지 않겠다고 다짐하고 맹서했습니다. 지하철을 타고 집으로 가기 위해서 계단을 올라오던 중 우연히 피해자를 발견하면서 술을 평소보다 많이 마시고 다소 우발적으로 그만 실수를 한 것이지만 제가 피해자를 촬영한 신체 촬영의 정도가 뒤에서 앞에 서있던 다리를 찍었기 때문에 윤곽이 뚜렷하지 않고 그리 중하지 않습니다. 최근 군에서 제대하고 어렵게 지금 다니고 있는 회사에 당당히 입사하여 성실히 자신의 목표를 향해 직장생활을 시작한 사회초년생으로서 정말 잘못을 깊이 뉘우치고 후회하고 진지하게 반성하고 있습니다.

○ 은혜로우신 우리 검사님!

검사님께서도 저의 진지하게 반성하는 모습과 사건의 발생 경위 등 본 사건의 정상참작사항들을 두루 살펴보시고 만취상태에서 우발적인 충동으로 일어난 촬영 정도가 그리 중하지 아니한 점을 감안 하시어 이번에 한하여 피의자에 대하여 교육조건부 기소유예 처분 결정을 해주시면 다시는 이런 행동하지 않겠습니다. 검사님께 하늘을 두고 맹세하겠습니다. 검사님의 선처를 호소합니다. 저는 어린 나이에 성실하게 살아오다가 이번에 한 순간의 실수로 성범죄 전과자로 형사 처벌될 위기에 처해 있습니다. 한번만 저 좀 살려주세요. 저에 대한 여러 정상참작사항들을 헤아려 주시고 이번에 한하여 교육조건부 기소유예처분 결정을 받을 수 있도록 선처해 주시어 다시 한 번 사회 구성원으로 성실히 살아갈 수 있는 기회를 갖게 해 주시면 이 은혜 평생 동안 잊지 않겠습니다. 법 이전에 한 인간을 불쌍히 여기고 자비로우신 검사님의 판단이 피의자로 하여금 다시금 기회를 주시고 평생 버러지만도 못한 저를 위해 허드렛일도 마다하지 않고 뒷바라지 해 오신 우리 부모님께 격려와 위안이 될 것이라고 믿어 의심치 않습니다. 저는 검사님의 소중한 뜻이 무엇인지를 되새기고, 다시는 이런 일이 생기지 않도록 하겠습니다. 정말 저에게 한 번만 기회를 주시고 살려주세요, 부디 검사님의 선처를 간곡히 호소합니다. 죄송합니다.

2. 소명자료 및 첨부서류

 (1) 가족관계증명서   1통

○○○○ 년 ○○ 월 ○○ 일

위 피의자 : ○ ○ ○   (인)

안양지청 ○○○검사님 귀중

반 성 문

사 건 번 호 : ○○○○형제○○○○호 카메라 등 이용 촬영죄

피 의 자 : ○   ○   ○

부산지방검찰청 000검사님 귀중

반 성 문

1.피의자

성 명	○ ○ ○	주민등록번호	생략
주 소	부산시 ○○구 ○○로 ○○, ○○○-○○○호		
직 업	회사원	사무실 주 소	생략
전 화	(휴대폰) 010 - 2377 - 0000		
기타사항	○○○○형제○○○○호 카메라 등 이용 촬영죄		

상기 피의자는 부산지방검찰청 ○○○○형제○○○○호 카메라 등 이용 촬영죄 혐의로 조사 중인 피의자로써 아래와 같은 사정으로 검사님께 반성문을 제출하오니 부디 피의자를 선처해 주시기 바랍니다.

○ 존경하는 우리 검사님께 호소합니다.

정말 죄송합니다. 제가 검사님께 선처를 호소하기 위하여 반성문을 쓰게 된 것은 누구로부터 요구를 받고 타의적으로 작성한 것이 절대 아니며 사실 그대로 거짓 없이 전적으로 저의 내면에서 우러나오는 자발성에서 이뤄진 것임을 분명히 말씀드리겠습니다. 제가 한 행동에 대하여 입이 열 개라도 할 말이 없습니다. 그리고 이러한 행동을 한 점, 진심으로 무

룧을 꿇고 용서를 구하며 이번의 사건을 통하여 정말 많은 생각을 하고 피눈물을 흘리며 반성하고 있습니다.

○ 자비로우신 우리 검사님!

저는 직장동료들과 회식자리를 함께하고 헤어졌습니다. 이후 창원시 ○○로에 거주하는 친구와 전화를 하여 술을 더 마시게 되었고, 소주를 4병이나 마시고 완전 정신을 잃을 정도로 과하게 마셨습니다. 술에 취한 저는 그 술집에 있는 여자화장실에 침입하여 용변을 보고 있는 여성을 저의 휴대폰 카메라로 동영상을 촬영하였습니다. 피해여성의 신고로 저는 현장에서 체포되었고 경찰은 저의 휴대폰에 저장된 동영상을 증거로 기소의견으로 송치하였습니다. 저는 술에 만취하여 블랙아웃 상황이었으며 저의 휴대폰에 저장되어 있는 동영상을 보고 모든 죄를 인정하였습니다. 이유야 어찌되었건 제가 술의 힘으로 했던 기억이 없더라도 저의 휴대폰에 동영상이 그대로 저장되어 있는 한 처벌을 달게 받아야 함은 당연한 일입니다. 죄송하고 피해여성에게 무릎을 꿇고 용서를 빌고 또 빌겠습니다.

○ 은혜로우신 우리 검사님!

그러나 저는 술 때문에 빚어진 일이고 잘못을 했지만 이러한 범죄의 경력이 전혀 없는 초범이며 곧 피해여성에게 찾아가 용서를 구하고 무릎을 꿇고 사죄드렸습니다. 저는 술을 먹지 않으면 남에 앞에서 말도 제대로 못하고 이런 행동도 모두 술 때문에 일어난 제 잘못입니다. 정말 죽을죄를 졌습니다. 아무리 술에 취해 한 행동이라 하더라도 정말 부끄러운 일입니다. 잘못을 깊이 뉘우치고 지금 이 시간에도 반성하고 있습니다. 또 피해여성이 받았을 정신적 고통을 생각하고 용서를 빌겠습니다. 무조건 용서를 빌고 사죄드립니다. 검사님께서 저 한번만 용서해주세요. 한번만 용서해 주시고 기회를 주신다면 이번 일을 계기로 삼아 다시는 이런 일 없도록 하겠습니다. 다시는 이런 추한행동은 하지 않겠습니다.

이참에 술도 아예 끊었습니다. 저에게 한번만 용서해 주시면 다시는 이런 짓 절대 하지 않겠습니다. 이제 우발적인 철없는 무 개념 행동은 절대 하지 않겠습니다. 부디 저를 한번만 용서해주세요 그리고 진심으로 제가한 잘못을 뼈저리게 뉘우치고 반성하고 있습니다.

2. 소명자료 및 첨부서류

   (1) 가족관계증명서   1통

   (2) 인감증명서   1통

○○○○ 년 ○○ 월 ○○ 일

위 피의자 : ○ ○ ○   (인)

부산지방검찰청 000검사님 귀중

반　성　문

사 건 번 호 : ○○○○고단○○○○호 사기

피 고 인 : ○　　○　　○

인천지방법원 형사 제2단독 귀중

반 성 문

1.피고인

성 명	○ ○ ○	주민등록번호	생략
주 소	인천시 ○○구 ○○로 ○○, ○○○-○○○호		
직 업	상업	사무실 주 소	생략
전 화	(휴대폰) 010 - 2234 - 0000		
사건번호	인천지방법원 ○○○○고단○○○○호 사기		

   상기 피고인은 인천지방법원 ○○○○고단○○○○호 사기 피고사건에 대하여 아래와 같은 사유로 재판장님께 반성문을 제출하오니 부디 선처해 주시기 바랍니다.

○ 존경하는 우리 재판장님께 올립니다!

   피고인은 ○○○○. ○○. ○○. ○○:○○ 재판장님께 공판을 마치고 ○○○○. ○○. ○○. 아침 10시에 판결 선고를 앞두고 있는 피고인 ○○○ 라고 합니다. 죄송합니다. 제가 재판장님께 선처를 호소하기 위하여 반성문을 쓰게 된 것은 누구로부터 요구를 받고 타의적으로 작성한 것이 절대 아니며 사실 그대로 거짓 없이 전적으로 저의 내면에서 우러나오는 자발성에서 이뤄진 것임을 분명히 말씀드리겠습니다. 제가 한 행동에 대하여 입이 열 개라도 할 말이 없습니다. 그리고 이러한 일로 이 자리에 서게 되어 부끄럽고 죄송합니다. 마음 깊이 반성하고 있습니다. 죽을죄를 범한 파렴치한이 무슨 낯으로 재판장님께 반성문을 써야하는지 몇 번이고 쓰고 또 지우기를 반복하였습니다. 정말 죄송하고 잘못했습니다. 죄를 지은 죄인으로 자신의 잘못을 비는 것이 얼마나 뻔뻔한 일인지 잘 알고 있기에 내내 반성문을 쓰는 손이 떨려 글씨를 제대로 쓸 수 없을 만큼이나 죄송스러운 마음뿐입니다.

○ 정의롭고 자비로우신 우리 재판장님!

하오나 두 딸을 가르치는 가장으로서 거동이 불편하신 아버지를 부양해야 하는 아들로서 미안하고 송구스러운 마음을 억누르고 선처의 반성문을 쓰게 되었습니다. 피고인은 어릴 때 어머니가 불의의 사고로 돌아가시고 할머니가 저를 자식처럼 키웠습니다. 남들보다 더 어려운 생활여건에 비관하지 않고 더욱더 열심히 공부하여 고등학교를 졸업한 후 군에 자원입대하여 만기제대를 한 다음 포항에 있는 큰 회사에 취직하여 지금까지 다니고 있습니다. 이렇게 어려운 가정형편 때문에 피고인은 직장생활을 시작하였고 직정에서 사랑하는 사람을 만나 결혼하여 슬하에 7살짜리 5살 된 딸아이의 아버지로서 다복한 생활을 하고 있습니다. 둘째아들로 태어난 피고인이지만 생사여부마저 불분명한 형을 대신해 연로하신 아버지를 부양해야 하고 가족을 부양하는 한 가정의 가장으로서 그 책임이 막중함에도 잠시 저 자신을 망각하고 이 같은 일을 저지르고 하루에도 몇 번씩 참회의 눈물을 흘리고 있습니다. 저는 판결 선고일자가 하루하루 앞으로 다가오면 잘못되는 우리 가족들은 누가 부양해야 할지 걱정 때문에 악몽을 꾸고 하염없이 눈물을 흘렸습니다. 가슴이 아플 대로 아파서 통곡하며 용서를 구했습니다. 제가 구속이라도 되는 날이면 가족들을 돌볼 수 없게 됩니다.

○ 존경하는 우리 재판장님!

제가 저지른 범죄가 피해자에게는 얼마나 큰 상처를 줬는지 잘알고 있습니다. 진심으로 저의 잘못을 깊이 뉘우치고 피해자에게 용서를 빌고 또 빌겠습니다. 저의 이러한 마음을 피해자께서 받아드리시고 합의를 하였지만 그런다고 해서 제가 저지른 죄가 없어지지는 않습니다. 평생 잘못을 뉘우치며 반성하겠습니다. 앞으로 인생을 살아가며 후회할 짓은 두 번 다시는 하지 않을 것입니다. 진심어린 반성을 위해 이 글을 썼습니다. 부디 넓으신 혜량으로 피고인에게 선처를 호소합니다. 다시는 이런 일 없도록 하겠습니다. 또다시 선처를 간곡히 호소합니다. 안녕히 계십시오.

2. 소명자료 및 첨부서류

(1) 가족관계증명서   1부

○○○○ 년 ○○ 월 ○○ 일

위 반성문제출인(피고인) : ○○○ (인)

인천지방법원 형사 제2단독 귀중

(15)반성문 - 횡령죄 선고공판 앞두고 있는 피고인이 재판장님께 선처를 간곡히 호소하는 반성문 최신서식

반 성 문

사 건 번 호 : ○○○○고단○○○○호 횡령

피 고 인 : ○   ○   ○

창원지방법원 형사 제2단독 귀중

반 성 문

1.피고인

성 명	○ ○ ○	주민등록번호	생략
주 소	전주시 덕진구 ○○로 ○○, ○○○-○○○호		
직 업	상업	사무실 주소	생략
전 화	(휴대폰) 010 - 4321 - 0000		
사건번호	창원지방법원 ○○○○고단○○○○호 횡령		

　상기 피고인은 창원지방법원 ○○○○고단○○○○호 횡령 피고사건에 대하여 아래와 같은 사유로 재판장님께 반성문을 제출하오니 부디 선처해 주시기 바랍니다.

○ 존경하는 재판장님!

　피고인은 먼저 진심어린 사과의 말씀을 올립니다. 얼마 안 있으면 제에게 선고가 내려진다는 생각으로 잠을 제대로 못자고 있습니다. 죄송합니다. 무엇보다도 책임을 다하지 못하고 법정에 서게 되면서 참으로 부끄럽고 참담한 심정으로 저도 모르게 눈물을 많이 흘렸습니다. 그동안 재판을 받기 위해 법정에 들어서면서 얼굴을 마주친 연로하신 노모님과 가족을 보고 정말 가슴이 메어져 차마 바라볼 수 없었습니다.

○ 자비롭고 은혜로우신 재판장님!

특히 자식걱정 때문에 노모님의 걱정 어린 눈빛이 스쳐지나 갈 때 저는 뼈를 깎는 아픔을 느꼈습니다. 저는 저의 잘못을 깊이 뉘우치고 많은 것을 반성했습니다. 정말 죄송합니다. 부끄럽고 죄송한 마음으로 깊이 사죄의 말씀드립니다. 몇 번이고 머리 숙여 죄송하다는 말씀을 드려도 모자랄 것 같습니다.

○ 존엄하신 우리 재판장님!

제가 지은 죄는 모든 것을 달게 받겠습니다. 정말 죽을죄를 졌습니다. 제 남은여생에 결코 지워지지 않을 교훈으로 삼겠습니다. 만약 심리공판을 통하여 저의 잘못을 뉘우치는 본뜻과 달리 저의 말이 다소 다르게 표현되었다면 다시 한 번 머리 숙여 반성하겠습니다. 또한 저로 인하여 피해자께서 마음의 상처를 입지나 않았을까 하는 짧은 생각으로 심려를 끼쳐 드리지나 않았는지 모르겠습니다. 정말 죄송합니다. 잘못했습니다. 사죄드립니다.

○ 자비로우신 재판장님!

많은 분들에게 죽을죄를 졌습니다. 몸과 마음이 극도로 지쳐있는 상태에서 법정에 서려다 보니 저의 뜻이 잘못 표출된 부분도 있을지 모르겠습니다. 다 저의 부덕의 소치입니다. 죄송합니다. 저는 잘못을 뼈저리게 뉘우치고 반성합니다. 피고인으로서는 이유야 어찌되었건 저의 잘못으로 인하여 많은 분들이 함께 고통을 받게 한 책임을 통감하고 있습니다. 저의 행동으로 인하여 이렇게 큰 고통이 뒤따르고 많은 분들에게 피해가 될 줄 꿈에서도 몰랐습니다.

○ 은혜로우신 우리 재판장님!

모든 것이 다 저로 인하여 생긴 일이 아니라고 하더라도 피고인이 책임져야 할 것이기에 이점 깊이 뉘우치고 반성하고 있습니다. 정말 죄송합니다. 죽을죄를 졌습니다. 저의 입장에서 이렇게 산산조각이 난 것에 대하여 한없는 안타까움만 느낄 뿐입니다. 저와 온 가족이 한마음이 되어 피땀으로 일군 성과를 같이 누릴 수 없는 저 자신이 한스럽게 여겨졌습니다. 피고인은 회한과 반성으로 잠을 이룰 수 없습니다. 진정 물의를 일으켜 정말 죄송합니다. 저로 인하여 일어난 일이기 때문에 회피할 생각은 추호도 없습니다. 저는 잘못을 깊이 반성하고 그 책임에 따른 처벌을 달게 받겠습니다.

○ 존경하는 재판장님!

이러한 저의 본심을 존경하는 재판장님께서 헤아려주셨으면 하는 마음 간절하여 이렇게 염치불구하고 호소합니다. 부디 저에게 선처를 베풀어 주시면 앞으로는 절대 이런 일 생기지 않도록 하겠습니다. 다시 한 번만 기회를 주시면 절대 이러한 일로 법정에 서는 일 없도록 하겠습니다. 다짐합니다. 피해회복이 되었습니다. 가족들을 헤아려주시고 저에게 부디 선처를 호소합니다. 죄송합니다. 다시는 이런 일 없도록 하겠습니다. 연로하신 노모님의 간청을 헤아려 주셨으면 고맙겠습니다. 부디 선처를 호소합니다. 존경하는 재판장님의 건강과 가족 모두의 평강을 진심으로 기원합니다.

2.소명자료 및 첨부서류

    (1) 피고인의 가족관계증명서   1부

    (2) 피고인의 인감증명서   1부

○○○○ 년 ○○ 월 ○○ 일

위 피고인 : 0 0 0   (인)

창원지방법원 형사 제2단독 귀중

(16)반성문 - 명예훼손 고소사건에 대해 피의자가 검사님께 선처해 달라고
　　　호소하는 반성문 최신서식

반　성　문

사 건 번 호 : ○○○○형제○○○○호　명예훼손죄

피　의　자 : ○　　　○　　　○

대전지방검찰청 검사 ○○○님 귀중

반   성   문

1.피의자

성 명	○ ○ ○	주민등록번호	생략
주 소	대전시 ○○구 ○○로 ○○길 ○○, ○○○호		
직 업	상업	사무실 주 소	생략
전 화	(휴대폰) 010 - 5679 - 0000		
기타사항	대전지방검찰청 ○○○○형제○○○○호 명예훼손 죄		

  상기 피의자는 대전지방검찰청 ○○○○형제○○○○호 명예훼손죄 피의사건의 피의자로서 아래와 같이 애틋한 사유로 검사 ○○○님께 반성문을 제출하오니 부디 피의자에게 선처해 주시기 바랍니다.

  ○ 존경하옵는 검사님!

  피의자는 지난 ○○○○. ○○. ○○. 대전시 ○○구 ○○로 ○길 ○○, 한울타리라는 작은 술집에서 있었던 고등학교 동창 모임에서 평소에 잘 알고 지내온 피해자 ○○○에게 나는 너랑 친하지 않아, 너는 얼굴을 고쳤기 때문에 싫다, 라는 많은 친구들이 있는 자리에서 큰 소리로 말하는 바람에 피해자의 가슴에 깊은 상처를 남겼습니다. 저는 아무런 뜻도 없이 계획적으로 많은 친구들 앞에서 피해자에게 깊은 상처를 주기위해 말을 한 것은 절대 아닙니다. 단지 저는 친구이기 때문에 저는 아직까지 취업을 하지 못했는데 피해자는 잘나가는 회사에 취직도 했고 번듯한 자가용까지 타고 다닌다는 피해자의 자랑에 자격지심으로 마음속에 생겨난 우울함이 저 자신도 모르게 울컥하고 튀어나온 바람에 저지른 잘못이라 깊이 뉘우치고 뼈저리게 반성하고 있습니다.

○ 존경하는 검사님!

친구들 앞에서 피해자에게 헛소리를 한 제가 이미 엎질러진 물은 다시 담을 수 없듯이 한번 내뱉은 말 또한 다시 담을 수 없음을 잘 알고 있음에도 인내와 절제의 마음을 잃어버린 나머지 친구인 피해자에게 큰 죄를 지었습니다. 이에 저는 친구인 피해자에게 진심으로 사과하고 다시는 이러한 일이 없도록 항상 조심하겠습니다. 저는 지금 이 시간에도 반성문을 쓰는 동안 친구인 피해자가 많은 친구들 앞에서 망신을 주고 가슴에 큰 상처를 준 것에 대하여 용서를 구하고 잘못을 뼈저리게 반성하고 자숙하고 있습니다.

○ 존경하는 검사님!

제가 친구들과 쌓아온 신뢰도 친구들과의 우정도 한 순간에 다 무용지물이 되고 말았다는 생각만 하면 밤에 잠을 이루지 못하고 불면증에 시달리고 있습니다. 이 모든 것이 다 저의 사소한 행동이 만든 잘못에 대한 죄 값이라고 생각하고 다시는 이러한 일이 없도록 각별히 주의하겠다고 다짐하고 있습니다.

○ 존경하는 우리 검사님!

피해자를 비롯해 그날 같은 자리에 함께 있었던 친구들은 이렇게 안타까운 처지에 처한 저를 생각해서라도 존경하는 검사님께서 깊은 아량으로 선처를 베풀어 주셨으면 하는 마음 간절하여 이렇게 반성문을 제출하오니 부디 저에게 한번 만 기회를 주시면 정말 착하게 잘 살겠습니다.

2. 소명자료 및 첨부서류

   1. 피의자의 인감증명서   1부

                   ○○○○ 년 ○○ 월 ○○ 일

                위 반성문제출인(피의자) : ○ ○ ○   (인)

대전지방검찰청 검사 ○○○님 귀중

(17)반성문 - 구속중에 보석으로 석방된 후 피고인이 담당 재판장님께 선처
해 달라고 호소하는 반성문 최신서식

반 성 문

사 건 번 호 : ○○○○고단○○○○호 업무방해죄

피 고 인 : ○   ○   ○

광주지방법원 형사 제○단독 귀중

반　　성　　문

1.피고인

성　명	○　○　○	주민등록번호	생략
주　소	광주시 광산구 ○○로 ○○길 ○○, ○○○호		
직　업	회사원	사무실 주　소	생략
전　화	(휴대폰) 010 - 5679 - 0000		
기타사항	광주지방법원 ○○○○고단○○○○호 업무방해죄 피고인으로 재판 중에 있습니다.		

위 반성문제출인은 광주지방법원 ○○○○고단○○○○호 컴퓨터 업무방해 죄명으로 형사재판을 받고 있는 피고인으로서 아래와 같은 사유로 존경하는 재판장님께 반성문을 제출하오니 깊이 통찰하시어 선처해 주시기 바랍니다.

○ 존경하옵는 재판장님!

저는 ○○○○. ○○. ○○."컴퓨터 업무방해"란 죄명으로 구속되어 ○○ 경찰서 유치장에 수감 중에 ○○교도소로 넘어가 수감생활을 하다가 현재는 보석허가결정으로 석방되어 재판장님께 형사재판을 기다리고 있는 피고인 ○○○입니다. 저는 아직은 나이가 어려서 많은 것을 모르는 어린 녀석입니다. 제가 구속되어 있던 ○○경찰서 유치장은 철망 안에 짐승처럼 누가 쓰던 것인지 이름도 알기 힘들 정도로 오래된 모포를 덮어 쓴 사내 몇 명들 속에 제가 존재하고 있다는 것뿐입니다. 솔직하게 말씀 드리면 제가 태어나서 구속이 된 것도 처음이고 유치장과 교도소에 들어간 것도 이번이 처음입니다.

○ 존경하는 재판장님!
저는 아무것도 몰라서 유치장에 들어간 것도 무엇 때문인지 뭐 때문에 구속이 된 것인지도 잘 몰랐고 무서워서 저는 유치장 안에 조그마한 화장실에 혼자 쪼그려 앉아서 3일간을 한없이 울었습니다. 무서워서 제가 우는데 저의 곁에는 아무도 없었습니다. 그러다가 저는 오기가 생겼습니다. 어차피 저는 더 이상 꺼릴 것이 없는 녀석이 되어버렸고 그렇게 적응되어 갔다면 사실이고 어떻게든 이 상황을 피하려고 계집 아이 보다도 추한 꼴로 용서를 구하든가 기도하는 방법밖에 없다고 생각하고 반성문을 작성하게 된 것이 저의 지금의 모습이었습니다.

○ 존경하옵는 재판장님!
저는 그렇게 유치장의 화장실에서 혼자 3일간 울었고 5일간의 차가운 유치장 마루바닥의 신세가 끝나고 저는 ○○○에 위치한 ○○교도소로 들어가게 되었습니다. 정말 저는 처음 보는 거대한 장벽들 그 거대한 장벽들 위를 날아다니는 비둘기들의 날개 짓 교도소에 들어가면서부터는 정말 이제는 제가 죄인이라는 사실이 스스로도 명백해진 것 같았습니다. 제가 입고 들어온 옷을 다 벗고 저의 항문까지 세심하게 검사를 하고 저에 대한 죄명을 말한 후 거주지 등 가족관계를 적고 컴퓨터 업무방해죄란 이름으로 저는 폭력 초범들이 갇히는 철망 방으로 들어갔습니다.

○ 존경하는 재판장님!
그곳에서 저는 난생 처음 보는 강간범도 강도와 폭력배 등 무서운 죄인들과 섞여 그렇게 본격적인 죄인이 되어가고 있었습니다. 이렇게 갇혀 있다가 검사님께 조사를 받으러 나갈 때에는 양쪽 손목에 차갑고 아픈 수갑을 차야했고 철망으로 뒤덮인 버스를 타고 차가운 바닥의 검찰청 유치창 안에 거친 인생의 아저씨들과 같이 갇혀 있어야 했습니다. 그러면서 검사님의 조사가 다 끝나고서 검사님의 구형을 앞두고 저의 사랑하는 부모님의 면회에서 바보처럼 펑펑 울고 난 후 얼마가 지나서 잠자리가 불편해서 뜬눈으로 잠을 지새우던 밤이 하루 이틀이 지났는데 보석이라는 이름으로 저는 교도소 안을 나올 수가 있었습니다.

○ 존경하는 재판장님!

저는 보석이라면서 저를 데리러 왔던 교도관을 붙잡고 얼마나 서럽게 울었는지 아무도 모릅니다. 사건이 아직 끝나지 않았다는 것은 알고 있었지만 일단은 자유를 얻을 수 있다는 사실에 눈물이 났고 다시 우리엄마 배를 만지고 잘 수 있다는 생각에 눈물이 흘렀습니다.

○ 존경하는 재판장님!

저는 컴퓨터상으로 취미삼아 라디오처럼 음악도 듣고 말도 하는 ○○방송이라는 프로그램이 있습니다. 라디오처럼 공식적인 것은 절대 아니며 돈을 버는 것도 아니고 단순히 그냥 취미 생활이었습니다. 그런 방송을 취미삼아서 하는 사람들도 있었고 저는 그 사람들의 방송을 듣던 청취자였습니다. 방송은 늘 정해진 채팅 채널에서 했는데 저는 거기서도 늘 들어가 채팅만 했었습니다. 여하튼 그러면서 채팅 채널에서 서로 욕설이 나오기 시작했고 저는 그들에게 ○○이라는 단시간 컴퓨터가 멈추어지며 장애가 오는 현상을 일으켰고 또한 정해진 정규 채팅 채널에서의 욕설 등으로 인하여 컴퓨터 업무방해란 죄명으로 구속이 된 것입니다.

○ 존경하옵는 우리 재판장님!

이렇게 못난 저를 위해서 합의서도 들어갔고 동네 통장 아줌마의 도움으로 탄원서까지 들어갔습니다. 저는 교도소 안에서 눈물로 쓴 저의 짧은 반성문까지 제출하고 한번 만 용서해 달라고 재판장님께 호소하였습니다. 제가 ○○지방경찰청 컴퓨터 수사부에 컴퓨터를 들고 끌려갈 때도 거기서 형사에게 조사를 받을 때도 경험이 없던 저로서는 영화에서나 봤던 형사들의 모습과는 달리 너는 가벼운 죄이기도 하니 조사만 받고 끝날 수도 있다면서 말하는 형사의 인간적인 태도에 저는 웃어가면서 저의 죄를 인정한다는 직인을 순순히 찍을 때도 유치장에 들어갈 때도 유치장에서 잠을 청하지 못했을 적에도 일단은 저의 죄값을 치르고 밖으로 나오면 모든 것을 다 새롭게 시작하고 깨끗한 마음으로 새로운 사람이 될 수 있을 것 같았습니다.

○ 존경하옵는 재판장님!

저를 잡아다가 구속시킨 경상도 출신에 잘 먹어 덩치 큰 그 형사도 제에게 그 사람들은 너에게 돈을 요구하는 것도 아니라고 말을 했었는데 저의 집은 무슨 부자도 아니고 한평생 막노동 일꾼으로 일하시는 우리 아버지가 돈이 어디에 있다고 저 때문에 우리 아버지가 객지에 올라와서 힘들게 모은 돈인데 이번의 저 때문에 약 천만 원 돈이나 까먹고 힘들게 우리 아버지가 벌어서 모든 돈으로 산 빌라 한 채 뿐입니다. 저의 아버지께서 한평생 막노동 일꾼으로 힘들게 벌은 돈 다 없어진 것이 무슨 일이냐며 아무리 물어도 대답 없는 부모님에게도 저는 죄송하고 힘이 듭니다. 저는 이번의 사건으로 인하여 어디에도 환영받지 못하는 초대받지 않은 파티 장에 손님이 된 것 같은 기분입니다.

○ 존경하는 재판장님!

저는 돈도 없고 백도 없고 그렇다고 제가 무슨 학벌이 좋은 것도 아닙니다. 어릴 때부터 몸이 허약해 먹은 약이 잘못 되는 바람에 불어난 살에 나약한 몸 덩어리 하나뿐입니다.

○ 존경하옵는 우리 재판장님!

저는 두렵습니다. 매일 구속되어 유치장에 들어가는 악몽에 시달리고 있습니다. 어제 밤에도 울었습니다. 재판을 앞두고 자면서 울고 있습니다. 깨어나면서도 울고 있습니다. 지금도 차가운 벽과 철창 안에 제가 있었습니다. 정말 악몽이지만 무서웠습니다. 무서워서 울었습니다. 겪어보지 못한 사람은 모릅니다. 얼마나 무섭고 떨리는지 아무도 모릅니다.

○ 존경하는 재판장님!

제가 지은 잘못은 인정합니다. 존경하는 재판장님께서 매일 밤으로 악몽에 시달리는 저를 불쌍하게 생각하시고 이번에 열리는 재판에서 관용을 베풀어 주시면 이 은혜 정말 평생 동안 가슴속 깊이 간직하고 있다가 존경하는 우리 재판장님께 꼭 보답하고 다시는 이러한 일을 범하지 않고 착한 사람이 되겠습니다. 부디 악몽에서 벗어나 새 삶을 살 수 있도록 선처를 베풀어 주셨으면 하는 마음 간절합니다.

○○○○ 년 ○○ 월 ○○ 일

위 반성문제출인(피고인) : ○ ○ ○   (인)

광주지방법원 형사 제○단독 귀중

반 성 문

사 건 번 호 : ○○○○형제○○○○호 공중밀집장소 추행

피 의 자 : ○   ○   ○

남부지방검찰청 검사 ○○○님 귀중

반 성 문

1.피의자

성 명	○ ○ ○	주민등록번호	생략
주 소	서울시 ○○구 ○○로 ○○길 ○○, ○○○호		
직 업	상업	사무실 주 소	생략
전 화	(휴대폰) 010 - 5679 - 0000		
기타사항	서울남부지방검찰청 ○○○○형제○○○○호 공중밀 집장소추행		

　　상기 피의자는 서울남부지방검찰청 ○○○○형제○○○○호 공중밀집장소
추행 피의사건의 피의자로서 아래와 같이 애틋한 사유로 검사 ○○○님께 반
성문을 제출하오니 부디 피의자에게 선처해 주시기 바랍니다.

○ 존경하는 검사님!

　　우선 검사님께 반성문을 문서로써 제출함을 크게 송구스럽게 생각합니
다. 직접 방문하여 사죄드리고 용서를 구하는 것이 옳은 처사인바 제가
검사님께 겁이 나 받아들이시지 않을까 우려하여 우선 이렇게 문서를
제출함을 크게 용서해주시기 바랍니다. 찾아뵈기 싫은 사소한 문제가 아
닙니다. 제가 용서를 빌 수만 있다면 무슨 일이든 다 할 것입니다. 이미
1차 경찰서에서 무릎 꿇고 밤을 샜습니다. 형사님께 빌고 피해자께 무릎

꿇고 빌어도 쳐다보지도 안으셨습니다. 당연히 제가 미울 만큼 밉겠지요. 저도 나름대로 엄청 고생하고 있습니다. 모든 것을 이미 다 인정했고 제 잘못 파출소에서 경찰서에서 무릎 꿇고 빌고 사죄하고 지금은 또 벌금을 내려고 이런 일 저런 일 잡히는 데로 하고 있습니다.

○ 존경하는 검사님!

부모님은 이미 눈치를 채셨는지 부부싸움까지 하시고 이혼까지 할 상황인데 제가 말리고 경찰을 불러서 무마되었던 적도 있습니다. 저 나름대로 속은 이미 시커멓게 썩을 대로 썩었습니다. 반성정도가 아니라 이참에 아예 미국으로 이민을 갈까라는 생각도 했습니다. 제가 반성을 하지 않고 있단 말을 정말 믿지 않으실 것 같아서 염치불구하고 이렇게 반성문을 올리는 것입니다.

○ 존경하는 검사님!

피해자분과 남편 분께 저는 할 말이 없습니다. 오죽하면 형사님께서 저를 거꾸로 매달고 두 둘 겨 패야 한다고 말씀하셨을까요? 입이 열 개라도 할 말이 없습니다. 빨리 피해자께서 이번 일에서 벗어나셔서 하루빨리 용서하시고 다시 행복하게 사시길 간절히 바랄 뿐입니다. 저 역시 전과가 생기길 정말 바라지 않습니다. 정말 좋은 곳에 취업하고 싶은 열망은 누구보다도 크다고 생각하는 저입니다. 공부에 미련도 매우 많습니다. 이일이 끝나면 학업에 전념할 생각입니다. 제발 제가 반성을 하지 않고 있다 요행을 바란다 생각하지 마시고, 이번 일로 인한 죄에 대한 대가는 나름대로 치르겠습니다.

○ 검사님과 피해자님, 남편님.

부디 모든 분들께 간절히 무릎 꿇고 용서를 빕니다. 제발 용서해주세요. 제가 이런 식으로 반성문을 제출하는 것은 정말 아무 일도 아닙니다. 더한 일도 할 수 있습니다. 용서만 된다면 뭐든지 시켜주시면 다 하겠습니다. 우선 이렇게 식으로나마 제 맘을 전달하기 위함이며 조만간 필요시 찾아뵙고 또 용서를 빌겠습니다, 어서 빨리 화가 풀리시길 바라는 마음 뿐입니다. 두 번 다시 여자분 앞에 나타나는 일은 없을 것이고 경찰서에 서도 반성문을 제출했지만 이번 검사실에도 반성문, 법원에 간다면 또 반성문을 제출할 생각이며 무릎 꿇고 엎드려 사죄할 각오는 충분히 되 있습니다. 부디 용서를 바라며 선처해주시기 바랍니다.

○ 존경하는 검사님!

그리고 저의 부모님이 하시는 가게문제로 인하여 이번에 벌금이 천만 원 가까이 나왔습니다. 확인해 보시면 아시겠지만 이 벌금으로 인해 저 희 집은 풍지 박산이 났습니다. 형편을 이해해 주시길 간절히 바라며, 검사님의 처분 기다리겠습니다. 죄송합니다. 다시는 이런 일이 생기지 않도록 하겠습니다. 죽을죄를 졌습니다. 한번만 용서해 주세요. 앞으로는 절대 이런 짓 하지 않겠습니다. 감사합니다.

2. 소명자료 및 첨부서류

1. 피의자에 대한 가족관계증명서   1부

2. 피의자의 인감증명서   1부

○○○○ 년 ○○ 월 ○○ 일

위 피의자 : ○ ○ ○ 올림

남부지방검찰청 검사 ○○○님 귀중

반 성 문

사 건 번 호 : ○○○○고단○○○○호 공무집행방해 등

피 고 인 : ○   ○   ○

전주지방법원 형사 제1단독 귀중

반 　 성 　 문

1. 피고인

성 　 명	○ ○ ○	주민등록번호	생략
주 　 소	전주시 ○○구 ○○로 ○○길 ○○, ○○○호		
직 　 업	상업	사무실 주 　 소	생략
전 　 화	(휴대폰) 010 - 5679 - 0000		
기타사항	전주지방법원 ○○○○고단○○○○호 공무집행 방해 등		

　상기 피고인은 전주지방법원 ○○○○고단○○○○호 공무집행방해등피고사건의 피고인으로서 아래와 같이 애틋한 사유로 재판장님께 반성문을 제출하오니 부디 피고인에게 선처해 주시기 바랍니다.

○ 존경하는 재판장님께 반성문을 올립니다.

　먼저 존경하는 재판장님께서 항상 사법적 정의구현 노력에 깊은 감사의 말씀을 드립니다. 제가 감히 고명하신 재판장님께 저의 입장을 밝히고 선처를 부탁드리는 것을 허용해 주시리라 믿고 이렇게 용기 내어 반성문을 제출하게 되었습니다. 제가 재판장님께 반성문을 작성해 선처를 호소하는 것은 누구로부터 부탁을 받거나 타의적으로 작성한 것이 절대 아니며 이 반성문은 전적으로 저의 내면에서 우러나오는 자발성에서 이뤄진 것임을 분명히 말씀을 올립니다.

○ 존엄하신 우리 재판장님!

저는 ○○○○. ○○. ○○. ○○:○○시 제○○○호 법정에서 재판장님께 공판을 마치고 오는 ○○. ○○. 아침 10시에 판결 선고를 앞두고 있는 피고인 ○○○ 이라고 합니다. 피고인은 재판을 받을 때 검사님께서 벌금 300만원과 징역 6월에 처해달라는 말씀을 듣는 순간 앞이 아무것도 안 보이고 가슴이 후들후들 떨리고 겨우 법정을 나와서도 다리가 후들거려서 계단을 내려오지 못해 계단에서 한참동안 정신을 잃고 앉아 있습니다. 계단에 앉아 눈을 감고 다리, 발, 발목, 무릎을 차례로 만져주면서 다짐했습니다. 앞으로는 제 다리에게 다시는 힘들고 고통스러운 법원이라는 곳에 오지말자고 무릎에게 내가 너로 하여금 좌절하게 하고 자존심을 상하게 한 것 정말 미안하다고 반성했습니다.

○ 존경하는 재판장님!

이유여하를 막론하고 술을 먹고 사람에게 주먹질을 한 죄 달게 받겠습니다. 제가 아무리 생각해도 뭐 때문에 이런 일을 저지르게 된 것인지 한심하고 안타까울 따름입니다. 처가댁에서 저녁을 먹으면서 장인과 약주를 하고 귀가하는 과정에서 주차장에 가로 주차된 차가 우리가 타고 갈 아내의 차를 막고 있어서 제가 우리차가 빠져나가려고 조금을 밀었습니다. 그런데 밀다보니 마지막부분이 약간 내리막이 있었나 봅니다. 앞차와 부딪치고 말았고, 이 과정을 어떤 아줌마께서 보고 있었는데 바로 그 차주엄마라고 합니다. 술을 마신 저로서도 차량을 가로 주차해 놓은 상대가 얄밉기도 해서 주차잘못한 당신도 책임 있다고 따졌습니다. 그러던 중 한참 있다가 차주인 아들이 차주의 엄마로부터 전화를 받고 달려 나왔고 아들과 저는 몸싸움을 하게 되어 지구대에서 경찰관이 출동했습니다. 경찰이 도착하자 상대가 나한테 맞았다고 거짓말을 하여 저도 흥분이 극에 달해 그만 욕설을 하고 상대방을 저지하는 행동을 했던 것 같습니다. 이 과정에서 출동한 경찰관의 멱살을 잡았고 경찰관에 의하여 수갑을 채워 연행되어 이렇게 재판장님 앞에서 재판을 받아야 하는 사람이 되고 말았습니다.

○ 은혜롭고 자비로우신 재판장님!

부끄럽습니다. 술에 의존하는 절제력 없는 인간이 되고 말았습니다. 그렇다고 해서 내면이 약하지도 불안하지도 않은 제가 왜 술에 의존한 채 홀로 서려했는지 정말 지금생각하면 자식들 보기조차 민망한 모습을 보여 죄송하고 함께 저의 모습을 지켜본 아내에게 진심으로 용서를 빌겠습니다. 저에게 한번만 기회를 주시면 다시는 이러한 일 없도록 하겠습니다. 재판장님께 하늘을 두고 맹서하겠습니다. 저는 많은 것을 뉘우쳤습니다. 저의 내면에서 깊숙이 자리 잡고 있는 죄책감과 아픈 기억을 도려내어 새 출발하려고 다짐하고 재판장님께 선처를 호소하오니 피고인이 홀홀 벗어던지고 열심히 살 수 있는 기회를 주셨으면 합니다.

○ 자비로우신 우리 재판장님!

피고인은 두렵고 무섭습니다. 판결 선고일자가 하루하루 앞으로 다가올 때마다 정말 피가 마르는 나날을 보내고 피고인이 구속되어 철창 속으로 갇히는 꿈을 꾸고 가족들의 걱정 때문에 밤새도록 흐느껴 울고 있습니다. 잘못했습니다. 죽을죄를 졌습니다. 다시는 이런 일 없도록 하겠습니다. 모두가 그놈의 술 술 때문이라는 생각으로 재판을 받고 나오는 그 날부터 당장 술부터 아예 끊었습니다. 다시는 같은 일 되풀이하지 않겠습니다. 한번만 용서해 주시고 선처를 베풀어 주시기 바랍니다.

2.소명자료 및 첨부서류

    (1) 탄원인의 가족관계증명서   1부

    (2) 탄원인의 인감증명서   1통

○○○○ 년 ○○ 월 ○○ 일

위 피고인 : ○ ○ ○　(인)

전주지방법원 형사 제1단독 귀중

(20)반성문 - 공무집행방해 판결선고를 앞두고 피고인이 다시는 이런 일 없도록 하겠다며 간곡히 선처호소 반성문

반 성 문

사 건 번 호 : ○○○○고단○○○○호 공무집행방해 등

피 고 인 : ○ ○ ○

전주지법 형사1단독 귀중

반 성 문

1.피고인

성 명	○ ○ ○	주민등록번호	생략
주 소	전주시 ○○구 ○○로 ○○길 ○○, ○○○호		
직 업	상업	사무실 주 소	생략
전 화	(휴대폰) 010 - 5679 - 0000		
기타사항	전주지방법원 ○○○○고단○○○○호 공무집행 방해 등		

  상기 피고인은 전주지방법원 ○○○○고단○○○○호 공무집행방해등피고사건의 피고인으로서 아래와 같이 애틋한 사유로 재판장님께 반성문을 제출하오니 부디 피고인에게 선처해 주시기 바랍니다.

○ 존경하는 재판장님께 반성문을 올립니다.

  먼저 존경하는 재판장님께서 항상 사법적 정의구현 노력에 깊은 감사의 말씀을 드립니다. 제가 감히 고명하신 재판장님께 저의 입장을 밝히고 선처를 부탁드리는 것을 허용해 주시리라 믿고 이렇게 용기 내어 반성문을 제출하게 되었습니다. 제가 재판장님께 반성문을 작성해 선처를 호소하는 것은 누구로부터 부탁을 받거나 타의적으로 작성한 것이 절대 아니며 이 반성문은 전적으로 저의 내면에서 우러나오는 자발성에서 이뤄진 것임을 분명히 말씀을 올립니다.

○ 존엄하신 우리 재판장님!

저는 ○○○○. ○○. ○○. ○○:○○시 제○○○호 법정에서 재판장님께 공판을 마치고 오는 ○○. ○○. 아침 10시에 판결 선고를 앞두고 있는 피고인 ○○○ 이라고 합니다. 피고인은 재판을 받을 때 검사님께서 벌금 300만원과 징역 6월에 처해달라는 말씀을 듣는 순간 앞이 아무것도 안 보이고 가슴이 후들후들 떨리고 겨우 법정을 나와서도 다리가 후들거려서 계단을 내려오지 못해 계단에서 한참동안 정신을 잃고 앉아있습니다. 계단에 앉아 눈을 감고 다리, 발, 발목, 무릎을 차례로 만져주면서 다짐했습니다. 앞으로는 제 다리에게 다시는 힘들고 고통스러운 법원이라는 곳에 오지말자고 무릎에게 내가 너로 하여금 좌절하게 하고 자존심을 상하게 한 것 정말 미안하다고 반성했습니다.

○ 존경하는 재판장님!

이유여하를 막론하고 술을 먹고 사람에게 주먹질을 한 죄 달게 받겠습니다. 제가 아무리 생각해도 뭐 때문에 이런 일을 저지르게 된 것인지 한심하고 안타까울 따름입니다. 처가댁에서 저녁을 먹으면서 장인과 약주를 하고 귀가하는 과정에서 주차장에 가로 주차된 차가 우리가 타고 갈 아내의 차를 막고 있어서 제가 우리차가 빠져나가려고 조금을 밀었습니다. 그런데 밀다보니 마지막부분이 약간 내리막이 있었나 봅니다. 앞차와 부딪치고 말았고, 이 과정을 어떤 아줌마께서 보고 있었는데 바로 그 차주엄마라고 합니다. 술을 마신 저로서도 차량을 가로 주차해 놓은 상대가 얄밉기도 해서 주차잘못한 당신도 책임 있다고 따졌습니다. 그러던 중 한참 있다가 차주인 아들이 차주의 엄마로부터 전화를 받고 달려 나왔고 아들과 저는 몸싸움을 하게 되어 지구대에서 경찰관이 출동했습니다. 경찰이 도착하자 상대가 나한테 맞았다고 거짓말을 하여 저도 흥분이 극에 달해 그만 욕설을 하고 상대방을 저지하는 행동을 했던 것 같습니다. 이 과정에서 출동한 경찰관의 멱살을 잡았고 경찰관에 의하여 수갑을 채워 연행되어 이렇게 재판장님 앞에서 재판을 받아야 하는 사람이 되고 말았습니다.

○ 은혜롭고 자비로우신 재판장님!

부끄럽습니다. 술에 의존하는 절제력 없는 인간이 되고 말았습니다. 그렇다고 해서 내면이 약하지도 불안하지도 않은 제가 왜 술에 의존한 채 홀로 서려했는지 정말 지금생각하면 자식들 보기조차 민망한 모습을 보여 죄송하고 함께 저의 모습을 지켜본 아내에게 진심으로 용서를 빌겠습니다. 저에게 한번만 기회를 주시면 다시는 이러한 일 없도록 하겠습니다. 재판장님께 하늘을 두고 맹서하겠습니다. 저는 많은 것을 뉘우쳤습니다. 저의 내면에서 깊숙이 자리 잡고 있는 죄책감과 아픈 기억을 도려내어 새 출발하려고 다짐하고 재판장님께 선처를 호소하오니 피고인이 훌훌 벗어던지고 열심히 살 수 있는 기회를 주셨으면 합니다.

○ 자비로우신 우리 재판장님!

피고인은 두렵고 무섭습니다. 판결 선고일자가 하루하루 앞으로 다가올 때마다 정말 피가 마르는 나날을 보내고 피고인이 구속되어 철창 속으로 갇히는 꿈을 꾸고 가족들의 걱정 때문에 밤새도록 흐느껴 울고 있습니다. 잘못했습니다. 죽을죄를 졌습니다. 다시는 이런 일 없도록 하겠습니다. 모두가 그놈의 술 술 때문이라는 생각으로 재판을 받고 나오는 그 날부터 당장 술부터 아예 끊었습니다. 다시는 같은 일 되풀이하지 않겠습니다. 한번만 용서해 주시고 선처를 베풀어 주시기 바랍니다.

2.소명자료 및 첨부서류

    (1) 탄원인의 가족관계증명서   1부

    (2) 탄원인의 인감증명서   1통

○○○○ 년 ○○ 월 ○○ 일

위 피고인 : ○ ○ ○　(인)

전주지법　형사1단독　귀중

반　성　문

사　건　번　호　:　ＯＯＯＯ고단ＯＯＯＯ호 강제추행

피　고　인　:　Ｏ　　Ｏ　　Ｏ

청주지방법원 형사3단독 귀중

반 성 문

성　명	○ ○ ○	주민등록번호	생략
주　소	청주시 ○○구 ○○로 5길 ○○, ○○○-○○○호		
직　업	상업	사무실주소	생략
전　화	(휴대폰) 010 - 4123 - 0000		
사건번호	청주지방법원 ○○○○고단○○○○호 강제추행		

　상기 피고인은 청주지방법원 ○○○○고단○○○○호 강제추행 피고사건에 대하여 아래와 같이 재판장님께 반성문을 제출하오니 선처해 주시기 바랍니다.

○ 존경하는 재판장님께 올립니다.

　먼저 사건 당일의 사건정황을 간단하게 설명을 올리겠습니다. 저는 청주 시내에서 신발을 제조업체로부터 공급받아 필리핀으로 수출하는 작은 오퍼상을 운영하고 있습니다. 사건 당일 직원들과 회식자리에서 소주와 맥주를 혼합하여 수차례 마시고, 회식자리를 옮겨가며 막걸리까지 마시게 되어 만취상태에 이르게 되었습니다. 만취상태에 식당건물 입구에 있는 화장실을 가게 되었는데 너무나도 만취한 나머지 화장실을 제대로 구분하지 못하고, 칸막이로 설치된 여자 화장실로 저도 모르게 들어가게 되었습니다.

○ 자비로우신 우리 재판장님!

술에 취한 저는 화장실에 남자 소변기가 없다는 것에 조금도 이상하다는 생각을 하지 못하고 좌변기에 소변을 본 후 돌아 나오던 순간 세면대 앞에 서 있던 피해 여성과 마주치게 되었습니다. 피해 여성분이 입고 있는 짧은 치마를 본 순간 만취한 저는 그만 이성을 잃고 피해 여성의 엉덩이를 만졌던 것 같습니다. 피해 여성은 제가 엉덩이를 만지자 화들짝 놀라 비명을 질렀고, 저는 비명소리에 놀라 술에 취했지만 황급히 화장실을 빠져 나와 식당으로 돌아왔습니다. 그리고 얼마 후 피해 여성분이 112범죄 신고를 하자 출동한 경찰관과 함께 저는 ○○경찰서 소속 지구대로 연행되어 조사를 받게 된 것입니다.

○ 자비롭고 은혜로우신 재판장님!

이와 같이 불미스러운 일이 발생하게 된 것에 대하여 이유여하를 막론하고 피해 여성분께서 입은 정신적인 충격에 대하여 정말 가슴 깊이 뉘우치고 반성하고 있습니다. 저는 피해자에게 사죄하고, 용서를 구하고자 여러 차례 노력을 하였으나, 피해자로부터 용서받기는 너무나도 어려운 일이었습니다. 안타깝게도 피해자께서는 사건 당시의 정황에 대하여 전연 사실과 다르게 부풀려서 마치 제가 고의적으로 피해자를 강제추행할 목적으로 식당에서부터 여자 화장실로 뒤따라 들어 왔다고 주장하고 있습니다.

○ 존경하는 재판장님!

제가 한 잘못된 행동에 대해서는 응당 그 대가를 치르는 것이 마땅하다고 생각합니다. 그러나 저의 우발적인 행동이 사전에 계획된 행동으로 바뀌고, 마치 강제추행을 일삼는 사람으로 비춰질 오해의 소지가 있다는 것에 대해서는 저의 양심과 인격상 도저히 용납할 수가 없는 것이 분명하여 이렇게 염치불구하고 재판장님께 호소하고 있습니다. 저는 이러한 점을 바로 잡고자 아래와 같은 사유로 오해의 소지를 없애고 진심어리고 진실 된 내용을 정리하여 선처를 요청하오니, 부디 저의 진정성을 받아주시고 선처해 주셨으면 고맙겠습니다.

○ 피해자분이 제가 사전에 강제추행 할 목적을 가지고 식당에서부터 여자화장실로 뒤따라 들어왔다는 주장에 대하여,

피해자는 처음부터 제가 피해자를 강제추행 할 목적으로 피해자가 있는 여자화장실로 뒤따라 들어왔다고 주장하고 있으나 이는 사실과 전혀 다릅니다. 사건 장소인 여자화장실은 안내 표지판이 벽 쪽을 가로질러 붙어 있어 당시 만취한 저로써는 화장실의 표지판을 제대로 확인할 수가 없었습니다. 단지 화장실인 것만 확인하고 안으로 들어갔었던 것입니다. 또한 당시 화장실 안에는 아무도 없었기 때문에 소변이 급했던 저는 소변기가 없었던 것이 이상하다는 생각도 할 겨를도 없었습니다. 피해자는 제가 피해자를 강제추행 할 목적으로 피해자를 따라서 화장실로 들어와 추행을 한 것이라고 주장하고 있으나, 단언 코 저는 피해자를 뒤따라서 화장실을 들어간 것이 아닙니다. 만약 화장실에서 피해여성을 발견하였다면 저는 아무리 술을 많이 먹었다 하더라도 화장실을 잘못 들어온 것을 알아차리고 다시 남자 화장실로 갔을 것이며, 그렇게 했다면 이와 같은 불미스러운 일은 발생하지 않았을 것입니다. 이에 대해 피해자는 CCTV가 있었기 때문에 입증이 될 수 있을 것이라고 하는데, 저 역시 CCTV를 확인하여 보면 제가 피해자를 확인하고 뒤따라 간 것이 아니라는 것과 피해자 소리에 놀라 먼저 뛰쳐나온 사실이 명백히 밝혀질 것이라고 생각합니다. 피해자는 저에게 처음부터 추행의 고의가 있었다고 주장하고 있으나, 저는 하늘에 맹세코 절대 그러한 목적으로 여자 화장

실에 들어간 것이 아닙니다. 부디 이러한 점을 현명하신 재판장님께서 참작하여 주시길 간곡히 부탁의 말씀 올립니다.

○ 추행 당시의 정황에 대하여 간단하게 말씀드리겠습니다.

제가 추행한 행위에 대해서는 입이 열 개라도 변명의 여지가 없다는 것은 잘 알고 있습니다. 잘못을 뉘우치고 깊이 반성하고 있습니다. 이점에 대해서는 깊이 반성하고 피해자에게 진심으로 사죄합니다. 하지만 피해자의 주장과 진술이 사실과 너무나도 다르게 과장되어 있어서 이점을 바로 잡고자 합니다. 피해자는 추행 당시 제가 피해자를 뒤에서 안으며 가슴을 만지고, 치마 속으로 손을 집어넣고 피해자의 음부를 만졌으며, 피해자가 소리를 지르면서 뒤를 보려고 하자 제가 세면대쪽으로 밀면서 피해자를 눕히려 했다고 주장하고 있습니다. 재판장님께서 사건 장소인 화장실을 보시면 아시겠지만 피해자와 실랑이를 벌일 정도의 공간이 되지 못한다는 것입니다. 당시 저는 소변을 보고 나오다가 피해자의 짧은 치마를 보고서 순간적인 충동에 의해 피해자의 엉덩이에 손을 댔었고, 이에 피해자가 화들짝 놀라 비명을 지르는 바람에 저 역시 순간적으로 정신이 바짝 들어 도망을 나오게 된 것입니다.

○ 자비롭고 현명하신 우리 재판장님!

제가 피해자의 신체에 손을 댄 순간은 불과 2~3초 사이였으며, 어떤 강압적인 신체접촉은 절대 없었습니다. 그럼에도 불구하고 피해자는 사실을 과장하고 부풀려 저를 극악무도한 흉악범인양 묘사를 하고 있는데 이에 대해서는 도저히 인정할 수 없습니다. 제가 잘못을 한 것은 맞지만 피해자의 주장이 너무나도 과장되어 있기 때문에 이렇게 당시의 상황을 다시 한 번 염치불구하고 재판장님께 설명을 드릴 수밖에 없습니다. 죄송하고 부끄럽습니다. 정말 죄송합니다.

○ 피해자의 상해에 대하여 말씀드리겠습니다.

저는 최근에서야 저의 죄명이 강제추행이 아니라 강제추행치상이라는 사실을 알게 되었습니다. 위에서 재판장님께 말씀드린 바와 같이 제가 피해자와 접촉한 것은 순간적인 일이었는데 어떻게 상처가 났다는 것인지 도저히 이해가 가지 않습니다. 피해자도 사건 이후 경찰과 검찰에서 조사를 받는 과정에서 일체 상처에 대한 부분에 대해서는 전혀 언급이 없었습니다. 저는 단순히 피해자에게 사죄하고 고소를 취소하도록 하는 것만이 최선이라고만 생각했습니다. 그런데 강제추행치상이라는 죄명을 나중에 듣는 순간 심장이 멎는 것만 같았고, 가해자인 제가 오히려 억울하다는 생각까지 들었습니다. 피해자가 이렇듯이 저를 압박하는 이유는 아래에서 간단하게 설명드리겠습니다만, 단지 강제추행으로 인한 충격 때문이 아니라 다른 목적이 있는 것은 아닌가라는 강한 의심을 품지 않을 수 없습니다. 저는 단연코 피해자의 몸에 상처를 낸 사실이 없습니다. 피해자가 저를 피하는 과정해서도 상처가 날 정도의 신체 접촉은 전연 없었습니다. 피해자가 주장하는 상처에 대하여 면밀히 검토하시어 진위여부를 분명하게 밝혀주시기를 수사과정에서 누차에 말씀을 드렸는데 모두가 허사였습니다.

○ 피해자와 합의하는 과정에 대하여 말씀드리겠습니다.

저는 피해자를 만나 어떻게든 용서를 구하고자 하였으나 피해자의 연락처를 알 수가 없었습니다. 그리하여 부득이 피해자분이 일하는 곳으로 찾아가 어렵게 사장님과 피해자를 같이 만났습니다. 저는 피해자 분께 정말 진심으로 사죄하면서 선처를 구했고, 합의금으로 300만원을 제안했습니다. 물론 돈으로 사건을 무마하고자 하는 의도가 아니라 피해자께서 입은 정신적인 충격에 대한 사죄의 의미로 금액을 드리려고 했었던 것입니다. 그러나 이렇다 할 답변을 듣지 못한 채 헤어지게 되었습니다. 그렇게 통화를 하고 난 수일 후 다시 전화를 걸었는데 사장님은 저에게 피해자가 변호사를 통해서 알아보았는데 합의금은 5,000만원까지 받을 수 있으며, 변호사가 수임료는 나중에 지불해도 되니 우선 사건을 맡기라고 했다면서 제가 제시한 300만원으로는 절대 합의할 수 없다는 답변만 받았습니다.

○ 존경하고 현명하신 재판장님!

이후 저는 여러 번 합의를 시도하였으나 답변은 역시 같았고 더 이상합의의 의사가 없다고만 하였습니다. 저의 잘못된 행동으로 인해 충격을입었을 피해자의 심정은 충분히 이해가 되나, 한편으로는 제가 조그마한수출업을 하는 사업주라는 점을 알고서 과도한 합의금을 받아내려고 하는 것 같다는 생각이 들어 씁쓸할 따름입니다. 그리고 피해자가 상처를입었다고 주장하는 이유가 아마도 저를 곤경에 처하도록 한 후 원하는액수의 합의금을 받기 위함이 아닌가 라는 의심까지 듭니다. 결국 저는아직 피해자와 직접 대화도 못해보고, 제대로 된 사죄도 못한 상태에서단지 감당하기 힘든 합의금의 액수만 청구당한 상태입니다. 저는 한집안의 가장으로 최선을 다해 가정을 돌보고 부끄럽지 않게 살아 왔습니다.다시금 고의성과 또 다른 목적성이 없었음을 눈물로서 호소하며 진심으로 선처를 구합니다. 조금만 저의 호소에 귀를 기울이시어 관용이 담긴현명하신 판단의 결과가 내려진다면 달게 받도록 하겠습니다. 다시는 이런 일로 저의 가족들과 어느 누구에게도 상처를 주는 행동을 하지 않을것을 하늘에 맹세하고 반성합니다. 부디 저에게 한번만 선처를 해주시면앞으로는 절대 이러한 일이 생기지 않도록 하겠습니다. 지금까지 술을먹었지만 이런 일이 없었는데 그만 술이 만취되어 잠시 이성을 잃고 이런 일을 저질러 직원들에게도 미안하게 생각하고 깊이 뉘우치고 반성하고 있습니다. 부디 한번만 관용을 베풀어 주시기 바랍니다. 간곡히 선처를 호소합니다.

2.소명자료 및 첨부서류

  (1) 사업자등록증 사본   1부

  (2) 가족관계증명서   1부

  (3) 피고인에 대한 인감증명서   1통

  ○○○○ 년 ○○ 월 ○○ 일

  위 피고인 : 0 0 0   (인)

청주지방법원 형사3단독 귀중

반 성 문

사 건 번 호 : ○○○○형제○○○○호 음주운전

피 의 자 : ○   ○   ○

울산지방검찰청 ○○○검사님 귀중

반   성   문

1.피의자

성 명	○ ○ ○	주민등록번호	생략
주 소	울산시 ○○구 ○○로 ○○, ○○○-○○○호		
직 업	회사원	사무실 주 소	생략
전 화	(휴대폰) 010 - 9812 - 0000		
사건번호	울산지방검찰청 ○○○○형제○○○○호 음주운전		

   저는 ○○○○. ○○. ○○. ○○:○○경 울산시 남부시장 입구에서 음주운전 단속에 적발되어 면허가 취소되어 현재 울산지방검찰청 ○○○검사님으로부터 조사 중인 피의자 ○○○입니다.

○ 존경하옵는 검사님!

   저는 음주운전이라는 본래의 뜻도 모르고 잠시 저 자신을 망각하고 운전을 했다는 것이 딱해 보이거나 애처롭기도 하고 가엾은 처지에 놓여 있어 불쌍한 인간이 되어버렸습니다. 가진 것이 너무 없어서 불쌍하고 아는 것이 모자라 세상물정이 어떻게 돌아가는지도 모르고 스스로 감정을 절제하지 못하고 술을 먹고 운전을 해 놓고 처신할 능력이 모자라 남의 동정을 받아야 하는 저의 모습이 불쌍하기 짝이 없어 모든 뿐께 부끄럽게 생각하고 미안하고 죄송한 마음 뿐입니다. 저는 평소 운전할 때도 병목현상의 도로에서 차례대로 한 대씩 진입하고 있는데 유독 순서를 무시하고 차머리를 갖다 붙인 때가 많아 반성합니다. 단 몇 초의 여유조차 없으니 더 많은 것을 지녔다 해도 지금에 와서 저에게 무슨 가치가 있고 소용이 있겠습니까. 저는 음주운전으로 적발되는 날 술을 먹고 운전을 하면서도 교통체증으로 모두가 지쳐있는데 옆 갓길로 달려가 은근슬쩍 주행선에서 음주운전을 단속하던 경찰관에게 끼어들기 하면서 음주측정을 먼저 받았습니다. 제가 술을 많이 먹었기 때문에 먼저 음주측정을 한 것이 아니고 변명 같겠지만 저는 정말 음주운전에 적발되지 않을 정도로 술을 먹었기 때문에 먼저 단속을 받기 위해서 자신만만하게 끼어들기까지 하면서 단속을 받았던 것인데 제가 생각하고 믿었던 측정이상으로 수치가 나오는 바람에 음주운전으로 면허가 취소되었으나 저는 측정한 수치에 대해 이견이 생겨 억울하게 생각합니다.

○ 존경하옵는 검사님!

누구나 음주운전을 하다가 저 앞에서 단속을 하고 있으면 시간을 벌어 가급적이면 술이 깬 후에 단속을 받으려 하는데 저는 그렇게 술을 많이 마시지 않았기 때문에 단속을 해도 별 무리가 없을 것으로 생각하고 먼저 끼어들기까지 해서 음주단속을 받았던 것인데 상상외로 많은 수치가 나왔는데 단속된 수치는 지금도 신뢰가 가지 않아 억울합니다. 제가 알았다면 혈액을 채취해 검사하였을 것인데 잘 모르고 상상외로 많이 나온 단속 수치를 인정하였다는 것이 계속 마음에 걸리고 억울하다는 생각 때문에 밤으로 잠을 이루지 못하고 불면증까지 얻어 시달리고 있습니다. 한잔이든 두 잔이든 저의 주량을 믿고 술을 먹고 운전을 하였다는 것은 잘못이고 처벌을 받아야 마땅하지만 측정방법과 단속 수치에 이견이 있는데 이대로 처벌을 받아야 한다는 것이 너무나 억울하고 가혹한 것 같아서 존경하옵는 검사님께 염치 불구하고 이렇게 선처를 호소하기 위해 반성문을 제출하기에 이른 것입니다.

O 존경하는 검사님!

저는 매일매일 지금까지 하루도 빠짐없이 일기를 쓰고 있습니다. 제가 일기를 쓰지 않았다면 흐트러지기 쉬운 저의 성격으로 보아 저의 모습은 많이 달라져 있을 것입니다. 지금 저의 모습은 비록 술을 먹고 운전하여 한심하고 부끄럽기 짝이 없지만 더 많이 망가지지 않고 더 많이 무너지지 않고 이 정도로 지탱할 수 있었던 것은 일기의 힘이라고 믿고 있습니다. 저의 일기장에는 대수롭지도 심각하지도 않은 무덤덤한 사연들이 많고 문제될 것도 없고 비밀이라고 감추어야 할 사연도 없는 밋밋한 하루하루가 먼지처럼 쌓여있지만 이것은 다 지나가는 바람이고 흘러가는 물처럼 이제 저에게도 중요하지 않고 다른 분들에게도 아무 소용도 없는 허접스레기로 남아 있어도 저에게는 일기가 가장 소중한 마음의 지도가 되어주었습니다. 일기에 쓰이는 저의 삶을 한 치에 부끄럼도 남에게 해를 끼치지 않으려고 저는 저 나름대로 최선을 다해 열심히 살고 늘 베풀면서 살기위해 노력하고 있었습니다.

O 존경하옵는 검사님!

보잘 것 없는 저는 지금 억울하게 면허가 취소되었다는 생각 때문에 실끊어진 연처럼 뿌리가 잘린 나무같이 저를 잡아주던 일기가 사라진 듯 마음이 허전하여 반성합니다. 현실은 수시로 변하고 흐르는 세월에 삶의 빛이 바래듯 소중한 저의 발자취라고 기록해 왔던 저의 일기장 속에 음주운전으로 적발되는 날 술을 먹고 하지 말아야 할 음주운전을 하여 저의 온 가족은 물론 주변의 많은 분들께 누를 끼치고 가슴 아프게 한 저의 잘못을 깊이 뉘우치며 무릎을 꿇어 반성하고 용서를 구하기 위해 반성합니다. 저에게 덧없는 억울한 마음의 아쉬움까지 반성문을 통하여 정리하면 사라지는 연기처럼 저의 마음이 한없이 가벼워질 것 같아 이렇게 염치 불구하고 존경하는 검사님께 한 번만 용서를 해 달라고 반성문을 제출하게 되어 죄송하고 미안하게 생각합니다.

○ 존경하는 검사님!

지금까지 운전을 하면서 교통법규를 위반하지 않고 음주운전으로 적발된 것도 이번이 처음입니다. 토요일이면 어김없이 사회시설에 찾아가 봉사를 하고 모범시민으로 구청장과 경찰서장의 표창장과 감사패를 받고 수시로 헌혈을 하는 등 타에 모범이 되도록 착하게 살아온 저에게 이번과 같은 음주운전이라는 실수로 인하여 운전면허를 취소하고 엄청난 금액의 벌금을 부과하는 처벌은 너무나 가혹하고 무거운 것이 아닐 수 없으므로 저에게 다시 한 번 착하게 살아갈 수 있도록 기회를 주셨으면 하는 마음 간절하여 반성문을 제출하오니 깊이 통찰하여 주시기 바랍니다.

○○○○ 년 ○○ 월 ○○ 일

위 피의자 : ○ ○ ○ (인)

울산지방검찰청 ○○○검사님 귀중

▣ 편 저 대한법률콘텐츠연구회 ▣

(연구회 발행도서)
· 공소장의견서 정식재판청구서 작성방법과 실제
· 민사소송 답변서 작성방법
· (사례별) 재정신청 항고장 · 항고이유서
· 지급명령 이의신청서 답변서 작성방법
· 지급명령 신청방법
· 새로운 고소장 작성방법 고소하는 방법
· 민사소송 준비서면 작성방법
· 형사사건 탄원서 작성 방법
· 2023년 각종시험대비 판례 법전

형사사건 양형자료 경찰 · 검찰 수사단계, 법원 재판단계 반성문
형사사건 양형자료 반성문 작성방법

2024년 09월 10일 2판 인쇄
2024년 09월 15일 2판 발행

편   저   대한법률콘텐츠연구회
발행인   김현호
발행처   법문북스
공급처   법률미디어

주소   서울 구로구 경인로 54길4(구로동 636-62)
전화   02)2636-2911~2, 팩스 02)2636-3012

홈페이지   www.lawb.co.kr
페이스북   www.facebook.com/bummun3011
인스타그램   www.instagram.com/bummun3011
네이버 블로그   blog.naver.com/bubmunk

등록일자   1979년 8월 27일
등록번호   제5-22호

ISBN   979-11-93350-03-4 (93360)

정가   24,000원

이 도서의 국립중앙도서관 출판예정도서목록(CIP)은 서지정보유통지원시스템 홈페이지(http://seoji.nl.go.kr)와 국가
자료종합목록 구축시스템(http://kolis-net.nl.go.kr)에서 이용하실 수 있습니다.